Ética e Cultura

Coleção Debates
Dirigida por J. Guinsburg

SERVIÇO SOCIAL DO COMÉRCIO – SESC SP
Administração Regional no Estado de São Paulo

Presidente do Conselho Regional: Abram Szajman

Diretor Regional: Danilo Santos de Miranda

Superintendentes: Comunicação Social: Ivan Giannini; *Técnico-Social:* Joel Naimayer Padula; *Administração:* Luiz Deoclécio Massaro Galina; *Assessoria Técnica e de Planejamento:* Sérgio José Battistelli

Edições SESC SP

Gerente: Marcos Lepiscopo; *Adjunto:* Évelim Lúcia Moraes; *Coordenação editorial:* Clívia Ramiro; *Produção editorial:* Gissela Mate; *Colaboradora desta edição:* Marta Colabone

Editora Perspectiva

Equipe de Realização – *Revisão:* Tania Mano Maeta e Márcia Abreu; *Produção:* Ricardo W. Neves, Sergio Kon, Luiz Henrique Soares e Raquel Fernandes Abranches

danilo santos de miranda
(org.)
ÉTICA E CULTURA

1ª edição, Perspectiva/Edições SESC SP, 2004.
2ª edição revista, Perspectiva/Edições SESC SP, 2011

Dados Internacionais de Catalogação na Publicação (CIP)
(Câmara Brasileira do Livro, SP, Brasil)

Ética e cultura / Danilo Santos de Miranda, (org.). —
São Paulo: Perspectiva: Edições SESC SP, 2011. — (Debates; 299
/ dirigida por J. Guinsburg)

Vários autores.
Bibliografia.
2. edição revista
ISBN 978-85-273-0696-6 (Editora Perspectiva)
ISBN 978-85-7995-013-1 (Edições SESC SP)

1. Cultura 2. Ética I. Miranda, Danilo Santos de. II. Guinsburg, J. III. Série.

04-3710   CDD-175

Índices para catálogo sistemático:
1. Ética e cultura   175

Direitos reservados à

SESC São Paulo
Edições SESC SP

Av. Álvaro Ramos, 991
03331-000 São Paulo SP Brasil
Tel. 55 11 2607-8000
edicoes@edicoes.sescsp.org.br
www.sescsp.org.br

EDITORA PERSPECTIVA S.A.

Av. Brigadeiro Luís Antônio, 3025
01401-000 São Paulo SP Brasil
Telefax: (11) 3885-8388
www.editoraperspectiva.com.br

2011

NOTA DOS EDITORES

O conjunto de textos aqui reunidos é fruto de um seminário internacional homônimo, realizado pelo Sesc de São Paulo em 2001, sob a chancela da Unesco. Sua intenção foi a de retomar uma antiquíssima preocupação presente não apenas nas relações cotidianas, quaisquer que sejam elas, como na história dos pensamentos filosófico, teológico ou científico e rediscuti-la em consonância com as situações sociopolíticas e culturais do início do século XXI e do terceiro milênio.

Os vínculos entre a natureza do ser humano, os objetivos de suas ações e os meios empregados para alcançá-los sempre foi um tema necessário e candente, pois é impossível separar o homem e sua conduta, seus desígnios e os resultados sociais e econômicos daí advindos. Do berço ao túmulo, da família às instâncias supranacionais, o ser humano depara-se, inevitavelmente, com princípios e práticas de natureza ético-moral.

A convite do Sesc e de seu diretor, Danilo Santos de Miranda, todos os autores aqui reunidos se propuseram a refletir sobre as concepções éticas fundamentais e as condições de nosso tempo e sociedade, tendo-se como resultado uma rica e exclusiva coletânea de catorze conferências ou ensaios.

Parte dos pensadores são professores da própria cadeira ou disciplina de ética e escritores consagrados do tema, como Amelia Valcárcel, Roberto Romano, Renato Janine Ribeiro ou William Hossne. Outros dedicaram-se à investigação do assunto, tendo em vista uma esfera particular da cultura. Assim, Lutz-Bachmann escolheu como tema a política em âmbito transnacional; Olgária Matos e Eugênio Bucci, os meios de comunicação de massa; Bento Prado Jr., a estética moderna numa época neoliberal; Francisco Ortega, a amizade; Newton Cunha, os efeitos da violência sobre a prática da cidadania; Denise Sant'Anna, o culto do corpo e de sua juventude; Jean-Jacques Courtine, os casos teratológicos expostos em feiras e circos do século xix; e Hugh Lacey, a produção agroindustrial baseada em transgênicos.

Como se observa, constituem reflexões sobre os mais diferentes aspectos e problemas morais da vida contemporânea, incluindo-se as circunstâncias e as características do Brasil. Daí também a oportunidade de divulgá-las para um público maior e igualmente interessado em questões tão cruciais.

SUMÁRIO

1. Ética e Cultura: um Convite à Reflexão e à Prática
   Danilo Santos de Miranda 11
2. Ética, um Valor Fundamental
   Amelia Valcárcel 17
3. As Faces da Ética
   Roberto Romano 41
4. Ética Cosmopolita
   Matthias Lutz-Bachmann 55
5. Ética, Ação Política e Conflitos na Modernidade
   Renato Janine Ribeiro 71
6. Ética e Estética: Uma Versão Neoliberal do Juízo do Gosto
   Bento Prado Jr. 97
7. Modernidade e Mídia: o Crepúsculo da Ética
   Olgária Matos 115

8. Na TV, os Cânones do Jornalismo são Anacrônicos
   Eugênio Bucci 129
9. Cultura Contemporânea, Cidadania do Medo
   Newton Cunha 143
10. Por uma Ética e uma Política da Amizade
    Francisco Ortega 153
11. O Desaparecimento dos Monstros
    Jean-Jacques Courtine 165
12. Ética e Cultura Corporal: Do Culto do Corpo às Condutas Éticas
    Denise Bernuzzi de Sant'Anna 179
13. Ética, Saúde e Biotecnologias
    William Saad Hossne 197
14. Ética, Produção Agroindustrial e Biotecnologia
    Hugh Lacey 221

Autores 235

ÉTICA E CULTURA:
UM CONVITE À REFLEXÃO E À PRÁTICA
Danilo Santos de Miranda

A preocupação com os valores do comportamento humano, com as finalidades e os motivos de suas ações constitui, muito sumariamente, o campo da Ética. Portanto, nela está implícito o conceito da *melhor conduta*. E por melhor conduta podemos entender duas coisas distintas que, no entanto, se comunicam. Ou bem se define a ética como ideal, como finalidade a ser alcançada, ou a entendemos como adequação entre a natureza humana e a necessidade da sobrevivência.

No primeiro caso, que é o do ideal, queremos construir e preservar o bem e as virtudes, a inteligência e os prazeres, nas medidas mais apropriadas possíveis. A razão aqui conduz a análise e percebe que a própria qualidade daqueles valores justifica a sua adoção. Pois, convenhamos, seria absolutamente fútil e inútil preocuparmo-nos com seus contrários – o mal e os vícios, a estupidez e os sofrimentos.

Pelo segundo conceito, que evidencia os motivos mais pragmáticos da conduta, devemos nos apegar ao que conserva a vida e, se possível, rechaça a dor. Aqui, é o sentimento pessoal e a autoconservação que, naturalmente, nos induzem ao utilitarismo da conduta.

Ora, por não ser um náufrago solitário (um Robinson Crusoé antes de seu encontro com Sexta-Feira), mas viver e conviver em sociedade, o ser humano tem a necessidade de criar regras e de adotar comportamentos comuns. Logo, o *reconhecimento do outro*, que pode ser meu igual (quando visto pela razão), ou que me pode fazer mal (quando percebido pelo sentimento), determina a existência ético-moral. Existência que serve, de um lado, para preservar liberdades pessoais, civis e políticas; de outro, para estabelecer compromissos sociais que impeçam o caos e condenem o uso das mais variadas formas de violência contra a dignidade de cidadãos ou a integridade de grupos e de etnias.

É por meio da ética – da filosofia moral, isto é, da reflexão sobre as condutas e da consciência moral subjetiva – que estabelecemos os códigos públicos ou privados, ou seja, que determinamos um comportamento moral concreto, objetivo. É pelo recurso à ética que chegamos a perguntas como: que ações merecem ser realizadas por nós para que produzam mais felicidade do que sofrimento?; que tragam mais prazer do que dor?; que criem condições efetivas de bem-estar social e não de injustiças?; que estimulem mais o conhecimento e a criatividade do que a ignorância e a apatia?; que encorajem mais a solidariedade e a paz do que os conflitos? Como proceder para que haja menos custos ambientais do que degradações irreversíveis e imediatas do patrimônio natural para a humanidade que nos é contemporânea e para as novas gerações? Que atitudes práticas adotar para que a diversidade cultural conserve-se em tempos futuros, e não venhamos nos submeter a uma homogeneidade embrutecedora, em nome de um mercado único, mundial, com características de oligopólio?

Essas preocupações são indissociáveis de todas as esferas da vida social: da família, das instituições educacionais, das relações profissionais, da produção econômica, da política, das artes e dos lazeres. Como sua abrangência vai do indivíduo às comunidades supranacionais, a sociedade não pode prescindir nem da investigação de valores éticos, nem da aplicação de preceitos morais. Dito de outra forma, é indispensável nos preocuparmos com a "boa ação", seja ela vista como investigação teórica, ordenamento jurídico público, código privado ou ainda na qualidade de consciência pessoal e criação simbólica. Pois parece-nos ilógico alguém defender que um latrocínio, uma perseguição pessoal e injusta, uma guerra ou a destruição de mananciais constituam atos destituídos de relações com os valores éticos, que possam ser considerados fatos benéficos, sem consequências nocivas ou prejudiciais. É incompreensível achar-se que o mundo não pode ser melhorado em suas relações sociais ou que o ódio seja preferível aos sentimentos da amizade e do amor. Homem algum pode considerar suspeitos todos os fatos de ordem ética. Principalmente os que exercem poder ou influência sobre os demais. Só podemos suspender o juízo para melhor compreender as consequências dos atos, nunca para nos afastarmos do problema ou nos furtarmos à tomada de uma posição.

Vale também lembrar que a ética ou a moral não se confundem inteiramente com o direito ou a simples legalidade. Pois um Estado ditatorial ou tirânico pode ter tido sua origem na lei, mas, certamente, não será "a melhor sociedade política", a forma mais conveniente do bem comum, a realização satisfatória da "eticidade", ou seja, da ética incorporada às instituições políticas. Os exemplos passados, antigos ou recentes, o comprovam facilmente.

Ao mesmo tempo, cabe refletirmos a propósito de uma tendência contemporânea, a da relativização absoluta ou individualização radical da ética, em oposição ao caráter universal que a tradição filosófica do século XVIII emprestou-lhe. Esta aqui não visava ao prazer pessoal, não dizia respeito ao domínio "sensível" e "subjetivo". Ao contrário, o solidário e o genérico estavam antepostos e, portanto, o "sujeito moral" só poderia ser entendido no coletivo, numa existência social.

Mas a tendência atual difere ainda da antiga filosofia moral, como apregoada pelos gregos. Para eles, genericamente, o valor moral de uma ação media-se pela realização do desejo natural do Bem Viver ou Felicidade, uma tendência buscada por todos os seres humanos e, portanto, de feições universais. E a felicidade, por sua vez, definia-se como condição autossuficiente e última, ou seja, diferente de um bem relativo porque este seria apenas um veículo ou condição prévia para algo posterior e mais importante. Como condição absoluta, a Felicidade ou o Bem Viver tinham por significado a realização do *ideal do ser humano*, e não a do indivíduo separadamente considerado, com todos os seus vícios, limitações e misérias pessoais. Daí não haver melhor definição grega de homem justo do que aquele que vive numa cidade justa. Como não haver noção mais segura da Felicidade do que viver na plena realização de si, entendendo-se por isso a excelência dos atos comandados pela razão, um atributo exclusivo do homem.

Esta marca recente da individualização, que na arte foi poderosamente estimulada pelo romantismo, não difere daquela reivindicada pelo purismo da estética. Portanto, não podemos deixar de lado os vínculos entre os terrenos da ética e o da produção artística dos últimos dois séculos. Sobretudo quando a produção cultural adquire, hoje, uma importância não apenas ideológica, mas igualmente social e econômica ponderável, e quando se converte em um setor de produção mercantil que, juntamente com os seus símbolos e imagens, vende comportamentos e valores de vida a crianças e jovens, a adultos e idosos, a homens e mulheres de todas as classes.

Ao instituir modelos e orientações de conduta em todas as esferas sociais, a ética cumpre, com toda a evidência e necessidade, um papel civilizador. E, sob este aspecto, constitui um instrumento insubstituível de refinamento cultural. Sua importância cresce mais ainda na sociedade contemporânea, em razão da grave crise moral pela qual passamos.

Uma crise revelada pelo enorme desequilíbrio entre a capacidade técnica alcançada pela humanidade e as condições de desigualdades – social, econômica, educativa, regionais – que não apenas resistem, mas tudo indica que se aprofundam. Crise gerada pelas várias formas de violência cotidiana, reais e simbólicas. Crise de um crescimento econômico que, não sendo sustentável, mas impulsionado apenas por um tipo de razão instrumental, imediatista e infinita, ameaça a própria vida no planeta, considerando-se que a pressão pelo consumo já colide com a capacidade de reprodução dos ecossistemas. Ao mesmo tempo, o perceptível aquecimento da Terra e o consequente fenômeno dos "climas extremos" já nos oferecem experiências bastante desagradáveis.

As conquistas obtidas no coração da química da vida – na biogenética – apontam para uma encruzilhada antes nunca vista, pois só ficticiamente narrada. Elas podem substituir o reino da necessidade, o da pura natureza, por uma espantosa liberdade, sequer prevista pelo existencialismo de Sartre – aquela em que nos descartamos, inclusive, de todas as heranças. Pode o ser humano tornar-se um objeto industrial, meticulosamente previsto do começo ao fim? Com que resultados? A antiga figura do Golem estaria sendo transposta para o futuro da humanidade? E uma figura assim construída seria desejável?

Perante um conjunto tão vasto e urgente de problemas, cabe apenas ao ser humano enfrentá-lo. E a ética, em função de sua abrangência social, de seus questionamentos e de suas preocupações com a vida em comum, é, certamente, a pedra fundamental deste caminho. Todas as propostas e todas as medidas que a humanidade venha a adotar serão tributárias. Mas convém lembrar que um combate como esse não é uma missão exclusiva de filósofos, de cientistas, de homens políticos, de economistas ou de uma "swat" ético-moralista incumbida de "resolver a questão". Compete a cada um em particular, no âmbito reduzido de sua vida e de suas relações pessoais e profissionais. Compete aos governos, às empresas, a todas as organizações da sociedade civil.

Em síntese, a conservação da vida, a justiça social, o desenvolvimento econômico sustentável, as tolerâncias políticas e religiosas e a expressão livre das culturas dependem e fundamentam-se em princípios éticos e em condutas morais.

ÉTICA, UM VALOR FUNDAMENTAL
Amelia Valcárcel

Eles e Nós:
Estamos Preparados para o Multiculturalismo?

Por menores que sejam, os jardins públicos ficam repletos de cães ao anoitecer. Uma vez resolvida a questão principal que os leva até lá, esses animais imediatamente se interessam uns pelos outros. Uma fêmea samoiedo cheira um alsaciano, um setter trava uma longa conversação com um terrier, e até mesmo um grande dinamarquês se junta a um chihuahua para farejar. Pensando bem, é um espetáculo admirável. Se não soubéssemos que todos esses animais pertencem à mesma espécie, seria difícil imaginá-lo. São muito diferentes em cor, tamanho, força e forma. Entretanto, reconhecem-se. Seja pelo idioma quase universal do latido, seja por movimentos e odores, ou talvez por razões mais misteriosas, nenhum cão parece confundir um outro com um gato, uma raposa ou um mico. Cheiram-se, brincam entre si, perseguem-se e, às vezes, se atacam. Mas se reconhecem.

Para a filosofia moral e política do século XX, o cálculo da alteridade – isto é, como conseguimos não reconhecer no outro um semelhante – foi um problema. Existem poucas diferenças entre nós: diversos tons de marrom na pele, uma pequena gama de castanhos no cabelo e um par de tonalidades de íris. Mesmo com uma base tão sucinta, falamos de raças humanas. Brancos, amarelos, vermelhos, negros e "azeitonados", entre os quais os antropólogos do início do século XX distinguiram subgrupos. A colonização total do planeta encheu as enciclopédias de gravuras de seres humanos "diferentes".

Um pouco depois começaram os tempos que podemos denominar de "abaixo o próximo". Tinham precedentes. O ultramontano De Maistre já havia escrito, no final do século XVIII, que era incapaz de reconhecer o "ser humano" sujeito de direitos ao qual se referiam as declarações francesa e americana. A diversidade concreta tinha primazia sobre as abstrações universais. Nosso século repetiu essa ladainha a ponto de produzir verdadeiros manifestos anti-humanitários. Cada comunidade e cada povo elevou-se à condição de verdadeira referência, e a ideia de humanidade foi objeto de desdém e sarcasmo. No entanto, quando as ideias padecem, suas dores transferem-se para os indivíduos. Hannah Arendt escreveu que o século que acaba de passar ficará marcado pelo horror. O horror indizível dos genocídios.

Daí a forte ênfase dada à virtude civil da tolerância na segunda metade deste século, virtude essa que permite a convivência política e afina as relações individuais. Os eventos de 1968 e seus corolários inauguraram novos tempos, que podemos rotular sob o mote de "deixa o próximo em paz". Tolerar é isto, e não outra coisa. É uma forma benéfica de desinteressar-se pelo outro e de estabelecer modos de convivência que permitam a cada grupo "cuidar de seus próprios interesses", evitando a violência.

Tempos de Multiculturalismo

Atualmente, os tempos são de globalização e multiculturalismo. Este último, o multiculturalismo contemporâneo, não deve ser confundido com o relativismo cultural que nos tem acompanhado há décadas. O relativismo pertence ao paradigma da tolerância, ao passo que o multiculturalismo provém do elogio à diferença, sob a égide do "viva o próximo!" helenístico. Para ele confluem a constatação da diversidade humana, o repúdio à violência e a alegria diante da novidade. É próprio de formas político-morais que lidam com a convivência entre comunidades zelosas de suas identidades. É multiétnico, politeísta em seus valores, comunitário e até *folk*. Em suma, é a panóplia momentânea de "pré-conceitos" que permite a acomodação de um *melting pot* que ninguém misturou ainda, nem se atreve a misturar.

"Abaixo o próximo", "deixa o próximo em paz" e "viva o próximo" são três atitudes bem diferentes, mas igualmente marcadas pela categoria da alteridade quanto à sua origem ética. Resta agora desenhar no horizonte sua correspondente estética, a "totalidade". Enquanto esperamos, ao entardecer, que a coruja de Minerva levante voo, podemos e devemos continuar contemplando os cães. São sábios, à sua maneira. Têm algo a nos ensinar.

Viagem ao Centro do Multiculturalismo

Os filósofos em voga diagnosticam que estamos assistindo ao cerco, ao sitio e à derrota da filosofia das luzes. Na última década, isso se traduziu em parte pela polêmica entre modernos e pós-modernos, uma polêmica que parece agonizar e na qual houve um embate entre iluministas-racionalistas-jacobinos e aparentes diferencialistas-irracionalistas-tolerantes. Cada um dos grupos colocou em dúvida as profundas intenções do outro como acompanhante ou corifeu do processo de globalização e, por tal razão, ambos tiveram de articular suas divergências em torno da universalidade e do universalismo. Ao tentar refletir mais uma vez sobre as batalhas entre universalistas e diferencialistas, vêm-me imediatamente à memória as estepes invernais dos Estados Unidos. Lembro-me de quando estava nas pradarias das terras imperiais, tão duras, difíceis, disformes e frias, e pensava no matizado mosaico europeu do outro lado do mar; não tinha outra alternativa senão encarar esse mosaico como uma espécie de Grécia, a Grécia plural e culta sob a tutela do Império Romano. Desta Europa multiforme haviam partido os colonizadores das vastíssimas e até hoje indomadas extensões dos páramos americanos. Longínqua e multifacetada, supunha-se que era a origem da cultura comum e dos valores compartilhados. Nós, europeus, comparados com a potência de sentido dos trigais do centro-oeste, éramos *graeculi*, uma gente estranha: criativa, sem dúvida, mas demasiado complicada, cuja geografia mental era excessiva diante de seu autêntico lugar de vida. Muitos em pouco espaço, tempo demais, divididos demais, com uma memória desmedida da violência mútua. Exatamente o oposto dos legionários do Império atual, que se reuniam semanal e pontualmente para cantar hinos, outrora europeus, e em cujos dias, reservados para isso, ficava proibida a cerveja antes da uma da tarde.

O vento de fevereiro naquelas planícies cobertas por uma vegetação cinzenta não era nada convidativo a sonhos. Apenas a estrita noção do cumprimento do dever e a mútua vigilância de tal cumprimento era capaz de explicar por que aquela gente se levantava todas as manhãs, limpava o gelo do parabrisa do carro e dirigia-se ao trabalho. "Os Estados Unidos são um país calvinista", pensava eu. E concluía, enquanto contemplava atentamente aquelas regiões boreais, que se não fossem calvinistas, simplesmente não teriam sido. Uma amiga, também espanhola, esforçou-se em esclarecer minhas perplexidades num restaurante nova-iorquino, tão barato que se situava em um sótão. Enquanto comíamos um pão sem fermento, branco, redondo e achatado (enfim, já podem imaginar sua aparência), sentenciou: "são uma mistura de saxões e germânicos, mas como se os germânicos tivessem ganhado a partida". "E nós, *graeculi*", sentenciei eu.

A verdade, diante daquele outro e enorme continente, era que a Europa parecia viver não apenas numa atitude, mas também numa posição helenística. Observa-o, imita-o, mas, ao mesmo tempo, desconfia dele. A Europa, do seu lado, sentia-se como produto de duas origens: o elemento grego e o elemento judeu. O cristianismo era precisamente a síntese imperial, romana, das duas orlas do Mediterrâneo. Dos gregos provinha a nossa maneira de nos representar, mover, edificar e também nosso pensamento discursivo. Da Palestina, nossa geografia sentimental, incluindo regiões tão singulares como o Deus único, a culpa e a redenção. Bem observado, era um labirinto; mal observado, uma miscelânea. E tudo isso enquanto lá fora fazia vinte graus abaixo de zero!

Felizmente, nós europeus tínhamos pessoas que haviam pensado sobre tais coisas, e podíamos contar com sua ajuda. Fui à biblioteca da Universidade (andares e andares de estantes onde simplesmente estava TUDO). Munindo-me de um carro metálico igualmente imenso, dirigi-me à sala Nietzsche. ("O que é a Europa? O que será o mundo vindouro? Quem somos, e por quê?", eis algumas das perguntas cujas respostas precisavam ser "refrescadas"). Encontrei uma mesa grande desocupada e fiz uma lista de vinte e quatro volumes. Caramba! Muitas das obras mais importantes de Nietzsche haviam sido retiradas. Quem as teria? Fingindo concentrar-me nas extremidades das estantes mais longínquas, percorri as outras seis mesas da sala. Ali estava o culpado. Um rapaz na casa dos vinte anos, desajeitado e espinhento, com quase dois metros e cabelos loiros. Tinha nada menos do que trinta volumes espalhados por sua mesa, entre os quais aqueles que eu procurava. Tomava notas, lentamente, em um caderno de folhas quadriculadas. Aquele ser das estepes estava concentradíssimo e o silêncio das bibliotecas norte-americanas é mais sagrado que o silêncio das missas (europeias, é claro). De forma que fui obrigada a suportar minha fome e esperar que o rapaz descesse para o almoço, a fim de verificar suas posses. À uma da tarde, o "ser" desceu para seu meio quilo de salada e pude astutamente investigar sua mesa. Naturalmente o indivíduo tinha consigo tudo o que eu procurava. Além disso, deixara suas próprias anotações sobre a mesa. Na verdade, reduziam-se a uma folha de papel com duas frases: "Nietzsche é um pensador alemão" era uma delas. A outra: "Nietzsche acreditava que os seres humanos se dividiam em fortes e fracos". Acrescento maldosamente a observação de que sua caligrafia era infantiloide. "Para chegar a semelhantes conclusões, seriam necessários aqueles dois metros bem alimentados?" Em vez de *graecula*, desta vez me senti definitivamente grega.

"Nós" sabíamos usar nossos filósofos melhor do que "eles". Nossas anotações eram melhores. Infelizes de nós se o conteúdo de nossas estantes tivesse de ser vertido em recipientes tão toscos...

Com o tempo, porém, fui percebendo que isto não estava certo. Aquele tetraneto de europeus carentes de comida, respeito e liberdade havia anotado o que lhe pareceu mais chocante: que alguém tivesse colocado em dúvida a igualdade humana. Era mais grego que eu. E mais judeu. E mais alto. Para meu consolo, também tinha mais espinhas, mas era de se temer que em vinte anos todas teriam secado. E ainda por cima, havia comido sua salada antes que eu.

Histórias Nossas

No *Menexeno*, Platão coloca as seguintes palavras na boca de Aspásia:

> Naquela época vigorava o mesmo sistema político, o governo dos melhores, que atualmente nos rege e que perdurou desde então, na maior parte do tempo. Alguns o chamam de democracia, outros lhe dão algum outro nome que mais lhes agrade, mas na verdade trata-se de um governo de seleção, com aprovação da maioria. Porque reis, sempre os temos. O poder da cidade corresponde, em

grande parte, à maioria, que concede as magistraturas e a autoridade àqueles que parecem ser, em cada caso, os melhores. E ninguém é excluído por sua debilidade física, por ser pobre ou de pais desconhecidos […]. Existe apenas uma norma: quem parece sensato e honesto detém a autoridade e os cargos" (*Menexeno*, 238d).

O elemento grego.
"Não faças ao outro o que não queres que façam contigo, porque sois todos filhos do mesmo Pai que está nos céus". A regra de ouro. O judaísmo alexandrino. As duas orlas do Mediterrâneo. E para completar o conjunto, o filósofo-profeta, Nietzsche: um louvor ao valor do direito arcaico da força. Pouco grego. Não é por acaso que considerava Sócrates como um pré-cristão tímido e decadente. O jovem desajeitado havia captado a mensagem, porque era uma mensagem nada difícil de captar. Para um membro de uma comunidade imperial como a sua, caía como uma luva. Contudo, ele parecia não aprová-la. Como se intuísse que, com tais proclamações, não há império que resista…

Platão atribui a particularidade ateniense – o apego a ideias universais e simétricas – à igualdade de nascimento. Outras cidades, escreve ele, são formadas por multidões de origens diversas, nas quais a tirania é de se esperar. Atenas, por ter parentesco comum, tem esta justiça e este governo. Entretanto, os fatos comprovam o contrário: no lugar ao qual confluem muitos e diferentes, somente leis universais e igualitárias permitem a convivência. Assim foi com a *pax romana*, e assim se apresenta a democracia atual. Os elementos gregos e judeus transportaram-se com êxito para as vastidões americanas precisamente porque "eles" não tinham parentesco comum, nem o peso de nossa história fragmentada. "Nós" éramos complicados e "eles", simples. Puro discurso simples e comum, como o de Platão. Regras mútuas e áureas, como a moral judaica helenística e o direito romano.

A Simplicidade sob Suspeita

Ventos nada universalistas correm mundo afora. Aparentemente. O elogio da diferença chegou a ocupar um lugar tão proeminente que os igualitarismos, enfraquecidos, recuam. Diagnostica-se que assistimos ao ocaso das ideias iluministas. Em parte, como observei anteriormente, isto se manifestou na polêmica entre modernos e pós-modernos: iluministas-racionalistas-jacobinos contra diferencialistas-irracionalistas-tolerantes.

Quem não é diferente, não é nada. Vale dizer, como afirmou Tocqueville e repetiram Hayek e Olson, em nosso século, que a coisa pública só admite interlocução com o grupo. Assim, a primeira coisa que um diferente deve fazer é encontrar seus iguais, para só então reivindicar seu direito à diferença. Quanto mais iguais ele tenha, e mais ativos sejam, maiores serão as possibilidades de êxito de sua diferença. Este é o conhecido caminho das diferenças no seio de nossa igualdade assente. O caso é bem outro quando nosso pluralismo contempla seu mundo exterior, por não levar em conta a forma como é percebido em si mesmo, a partir desses outros lugares.

"Nortes" e "Suis"

Os pontos cardeais têm sido amplamente utilizados como parâmetros para geografias políticas difusas: norte e sul, leste e oeste serviram e ainda servem, mal, para explicar distinções de grosso calibre entre formas de vida. Com o termo "sociedades do norte" referimo-nos ao mundo industrial avançado, democrático, rico e politicamente estável. O sul desse norte engloba tudo que é destituído de tais características, sem que se dê muita importância ao lugar onde se encontra. As sociedades do leste foram os Estados comunistas, dos quais só resta o autêntico Oriente, a China, (um país, dois sistemas). Por sociedades ocidentais entendiam-se, sem maiores sutilezas, todas aquelas cuja política exterior estava sob o controle do Pentágono. Dessa maneira, podiam existir sociedades oeste-sul, oeste-norte etc. As coisas mudaram muito na última década, e tais classificações se revelaram demasiado restritas. O risco é substituí-las por outra, anterior e ainda mais sumária: nós e eles.

Temos uma vaga noção de como "eles" se sentem quando a "eles" aplicamos tal distinção. E faz tempo. Shylock, o personagem – aliás pouco simpático – da peça *O Mercador de Veneza*, recebe de Shakespeare a seguinte fala:

> Se vós nos feris, não sangramos? Se nos fazeis cócegas, não rimos? Se nos envenenais, não morremos? Se nos enganais, não nos deveríamos vingar? Se em tudo o mais somos semelhantes a vós, também nisso nos pareceremos. Se um judeu engana um cristão, com que mansidão este reage? Vingança. Se um cristão engana um judeu, seu sofrimento deveria ser, por acaso, um exemplo cristão? Por quê? Vingança! A vilania que tu me ensinas, eu a executo. Será difícil, mas pretendo melhorar as instruções (Ato III, cena 1).

Pode-se objetar que Shylock é criação nossa, e seria correto, mas isso prova, em todo caso, que saber colocar-se no lugar do outro não nos é estranho. *Nihil humanum alienum puto* é uma de nossas máximas antigas que demonstra, se não nossa capacidade, ao menos nossa disposição cultural inclusiva.

Esta é uma característica que encontramos em todas as nossas formas simbólicas; desde a Ilustração, é o próprio tecido daquilo que entendemos por razão: a capacidade de universalizar. Não compreendemos o outro como outro, mas o colocamos sob um paradigma abstrato de universalidade. Seguros de nós mesmos, expandimos nosso modo de vida e colonizamos o resto do planeta. O que é nosso é melhor, não por ser nosso, mas por ser universalmente válido.

Os Condenados ao Exotismo

Certas vozes se elevam, atualmente, contra tal pretensão: as de alguns dos colonizados, e várias outras, também entre nós.

Tal universalidade é brutal, dizem-nos. Apaga diferenças às quais todos têm direito. Uniformiza modos de vida sem aumentar sua qualidade. É um rolo compressor aplicado aos frágeis, para evitar o esforço de entendê-los e respeitá-los. O norte universalizador é agressivo. Chama de universais seus costumes e manias. Saqueia o sul de mil maneiras. Devora suas matérias-primas, exporta seus próprios vícios e enfermidades, destrói o tecido moral alheio e oferece como alternativa seu consumismo compulsivo, que os outros nem desejam nem podem satisfazer. Somos, enfim, um mau exemplo. E como nos amparamos, para fazer tudo isso, em nossos bons e universais sentimentos, somos uns cínicos.

Alguns desses outros vão ainda mais longe. Buscam em seu mapa simbólico aquilo a que corresponde esta nossa capacidade, e nos dão o nome de Satanás. Aquilo que compreendemos como aspectos prometeicos de nossos traços culturais, eles percebem e julgam como marcas diabólicas. Ocidente--Norte, o grande Satã, a mãe de todas as iniquidades.

Estaria disposta a considerar algumas dessas ideias se tivéssemos sido os únicos inventores do dinheiro; se fôssemos os únicos a ter comprado e vendido coisas e homens. Sou mais propensa a pensar, entretanto, que esta é uma capacidade humana universal. Trocar e tirar vantagem, negociar com os desejos e necessidades do outro para satisfazer os nossos, jogar com o infortúnio alheio, são habilidades que nos acompanham onde quer que nós, seres humanos, tenhamos nos estabelecido. E devo acrescentar que, cedo ou tarde, enfrentam corretivos: nenhuma sociedade que não as tenha limitado foi capaz de sobreviver. Denominamos justiça o repúdio ao excesso. Se não logramos nos autolimitar, outros o farão.

Histórias do Outro

A situação de contato cultural produz efeitos bem descritos por antropólogos desde os primórdios dessa disciplina, no século XIX. Seus livros estão repletos de interessantes exemplos, conjecturas, imitações, estranhamentos, enganos ou assimilações. Os mecanismos abstratos de tal interação foram magistralmente registrados por Mary Douglas, por exemplo. Relatos anteriores de cronistas, viajantes, missionários ou colonizadores contêm histórias semelhantes. Os grupos em contato comparam-se, observam-se, cometem enganos e os retificam. Se aqueles que entram em contato são muito diferentes entre si, como no caso dos espanhóis no Império Asteca ou dos jesuítas na China do século XVII, ambos criam, inicialmente, retratos mútuos imaginários. Depois, as coisas sedimentam-se e cada um passa a avaliar a humanidade do outro tomando a si mesmo como referência.

O processo por meio do qual o mundo se converteu em uma esfera mensurável e conhecida foi longo. A bacia do Mediterrâneo deu os primeiros impulsos, e conservamos alguns dos périplos gregos como testemunhos. Roma instalou-se como potência imperial sobre toda a área habitável conhecida. O Oriente começou a destacar-se no início da Baixa Idade Média e o conhecimento relativo a ele se acelerou no período barroco. A América foi conhecida e colonizada aproximadamente na mesma época. O Século das Luzes já contava com mapas e descrições precisas e especializadas, tanto geográficas quanto humanas. No início do século XIX, apenas a África ainda permanecia inexplorada e instigava a imaginação. Viajantes europeus disfarçados percorreram os territórios islâmicos que se mantinham fechados; exploradores britânicos registraram seu mapa interior. No começo do século que acaba de terminar, o mundo não tinha mais segredos geográficos. Sabia-se onde estava cada coisa, e o que era. Sabia-se algo mais: para que servia e como transportá-la ao local onde seria útil. Em função de tais qualidades e utilidades, conhecia-se também seu preço constante.

Algumas eram matérias brutas como zinco, algodão, cobre ou borracha. Outras eram raras e preciosas como platina, diamantes, plumas ou essências. Havia outras, igualmente exóticas, como porcelanas, madeiras, peles ou nácar. Existia um vasto espaço no qual o precioso e o exótico coincidiam e alimentavam-se mutuamente. Mercadorias raras e preciosas vinham de lugares necessariamente remotos, habitados por povos igualmente exóticos. Ali viviam "eles", os diferentes, que tinham outros deuses, outras músicas, outros sentimentos e outros relatos. A aura de exotismo contagiava seus produtos, pretextos para sonhos. O território do exótico foi tão fértil que se reproduziu em todos os extremos.

Os extremos da Ásia, do Pacífico e da Europa foram objeto de imaginação, convertendo-se em países exóticos. O fenômeno teve início com o romantismo e seu anseio de evasão. As voltas ao passado eram tão úteis que deram origem à novela histórica, assim como às fugas ao diferente. O primeiro exemplo de exotismo europeu foi a Itália: a partir da viagem de Goethe, esse itinerário converteu-se em uma obrigação para todo intelectual respeitável. O Sul foi introduzido como tema e lugar-comum na literatura europeia, um Sul tanto mais diferente quanto mais o Norte fabulava a seu respeito. Comparem-se as Itálias de Goethe e Staël.

A ficção do "outro" continuou com a Espanha. Se, por um lado, Blanco-White realizara descrições duras e perfeitas sobre a Espanha ensimesmada e maltrapilha do século XVIII, alinhado com o espírito do Iluminismo e da Reforma, a literatura, que tomou como pretexto o nosso exotismo, recalcou e até inventou traços contraditórios que afirmavam o lugar-comum. Uma das fontes foram os relatos provenientes da invasão napoleônica; neles se cunhou uma imagem romântica de um povo supersticioso e violento. Outras foram as histórias fabricadas que exploravam a imagem negativa da conquista da América e da Inquisição. Por fim, a atribuição de mistério e passionalidade ao bandoleirismo.

Por obra e graça de Merimée, Bizet e Verdi, com a ajuda inestimável da Sociedade Bíblica e de Jorge Borrow, a potência reclusa e decadente do século XVIII foi convertida em um território semioriental, agreste e exótico, habitado por pessoas melancólicas e amantes do uso da navalha, por fogueiras inquisitoriais e escandalosas cantorias noturnas. Sucessivos exílios de nossos liberais, ao invés de desfazer o lugar-comum, contribuíram para solidificá-lo. Se eles próprios já eram bastante estranhos (combatentes ostensivos, fanáticos de seu próprio orgulho), mais ainda deveriam ser aqueles que os haviam obrigado a escapar.

Temos alguma experiência de ser Sul. E nem todas são românticas e novelescas. Nossa guerra civil reforçou essa condição excessivamente diversa. Bernanos e Hemingway, cada um a seu modo, e outros combatentes das Brigadas Internacionais afeiçoados à escrita, apresentaram uma guerra dotada de tipicidade, em que as características hispânicas sobrepunham-se ao que é previsível na condição humana. O deserto atravessado pela inquieta sombra de Caim, num verso de Machado, foi definitivamente "exotizado", e, exatamente por essa razão, abandonado à sua própria sorte. Tanto que, quando o desenvolvimentismo nos escolheu como destino turístico, começamos a utilizar como propaganda precisamente aquilo que fora nosso estigma: "a Espanha é diferente".

Europa era tudo que se encontrava do outro lado dos Pirineus, aonde nos dirigíamos em massa para fazer os trabalhos que ninguém mais queria, para ser a mão de obra de Terceiro Mundo daqueles que haviam decolado nos anos de 1960. A diferença publicitária diante do exterior, juntamente com os faustos imperiais e eucarísticos internos, caminhavam de mãos dadas com a emigração e as filas de desvalidos ao longo da fronteira. Nossa aparência não era melhor, mas igual ou pior que a dos emigrantes do norte da África que passam por nosso país nos meses de verão para levar de volta às suas famílias os marcos e francos frescos. Sul, nu e cru, tanto uns quanto outros, tanto nós quanto eles. E nós antes deles.

Contra o Esquecimento

Nos anos 1960, filas de espanhóis carregando maletas amarradas com cordas se apinhavam nas passagens da fronteira francesa.

Desciam dos vagões de terceira classe dos trens. Muitas vezes o conteúdo de suas bagagens acabava sobre a mesa da alfândega: algumas peças de roupa íntima, um par de blusas ou camisas e outras poucas vestimentas. Comida. Esta era imediatamente confiscada e jogada numa pilha atrás do policial. Desse modo, com um emprego e um passaporte de turista, o emigrante entrava numa sociedade em melhores condições que a sua, da qual desconhecia o idioma, os usos e costumes.

Poucos anos depois, regressava com roupas que espantavam seus vizinhos, falando em altos brados uma língua estranha, com mala nova acompanhada de inúmeros pacotes. Ocasionalmente, tudo isso vinha sobre o bagageiro de um carro (que essa palavra seja pronunciada com profundo respeito), de tamanho, forma e cor desconhecidos nestas regiões ermas e distantes.

As pessoas "respeitáveis" não se deixavam fascinar por aqueles ouropéis. Ao contrário, esperavam que os filhos daquele "piolho ressuscitado" voltassem à terra natal e à obediência. Mas as coisas não se passaram assim. Educados em colégios e liceus estrangeiros, adquiriram as habilidades necessárias e integraram-se, nesse ou noutros países da Europa, uma Europa agora única.

É humano desejar algo melhor do que o que se tem, e sacrificar-se para obtê-lo. Boa parte de nossa prosperidade atual foi edificada pelo trabalho de nossos emigrantes que, poupando de forma abnegada, transformaram as expectativas de prosperidade de suas famílias. Os que hoje procuram entrar em nossa Europa rica e pacífica não querem nada além daquilo que nós mesmos queríamos em um passado recente. Não podemos nos esquecer do que fomos no momento em que acolhemos e lidamos com os que chegam. Em nosso caso, o valor principal não deve ser a tolerância multiculturalista, mas a memória que transforma o outro em "nós mesmos".

Grande parte dos esforços de toda uma geração foram dedicados à mudança. Tínhamos de nos unir à Europa, normalizar nossa convivência e nossos hábitos, até mesmo nosso aspecto. Tornamo-nos um pouco mais altos (o segredo estava em comer regularmente), e um pouco mais pálidos. Estamos escolarizados e somos versados em discussões acadêmicas. Inclusive, em consequência disso, creio até que nossa disposição e nosso temperamento melhoraram. Mas há um traço decisivo: deixamos de ser interessantes. Até poucos anos atrás, num curso de verão de uma famosa universidade espanhola, lecionava um pensador alemão de certo prestígio, que alardeara por anos a fio seu amor e interesse pela Espanha e pelos espanhóis. Mas, naquele verão, algo deu errado. Parecia desconfiado e, com frequência, colérico. Depois de uma situação infeliz que o levou a tomar certas atitudes irresponsáveis (tais como atirar pela janela os móveis de seu próprio escritório), não encontrando o eco esperado para seus gestos intempestivos, diagnosticou: "Vocês já não são interessantes; não vale mais a pena vir para cá. Vocês são tão pedantes e olham tão friamente quanto o resto dos europeus". Repetiu: "Vocês já não são interessantes".

É muito agradável escutar o rosário de lugares-comuns que podem suceder-se, num elogio ao elegante frescor do diferente e inferior, contanto que não se refira a nós. Somente quem o experimentou, como Shylock, quer o olho por olho, dente por dente. Os que assim nos amam, também nos sufocam, porque só nos amarão enquanto os divertirmos, e poderia acontecer que não estivesse em nossos planos divertir quem quer que seja. Conhecemos um pouco dessa condição de habitantes do Sul, e acrescento, *pro domo mea*, que as mulheres a conhecem ainda mais.

Em qualquer conflito nós-eles, pulsa um inaudível "vocês, mulheres…" sobre o qual pesam todos os onerosos mandamentos do agradar, incluindo o esmerar-se na diferença. Um cavalheiro, a quem muito estimava, ao ver que a vontade das mulheres se conformava ao poder e ao respeito, sentenciou: "Se vocês desejam ter o mesmo que nós, vão acabar perdendo tudo, porque deixarão de nos interessar", sem estabelecer, em absoluto, a mesma obrigação de ser interessante para o grupo no qual se incluía. É claro, a opinião e o prognóstico de que se é destituído de interesse revigora e fortalece a quem o recebe. De fato, significa que deixou de ser peculiar ou divertido e se tornou um competidor potencial ou um ser cuja vontade deve ser levada em conta. Em outras palavras: significa que é interessante, de verdade. Não em virtude de um capricho ou de uma benevolência espúria, mas sim porque a situação o exige.

Quem sabe chegará o dia em que toda a humanidade será interessante, neste último sentido, e em que isso se demonstrará nos fatos políticos e morais; um dia em que o mundo perceberá a si mesmo tal como é, uma esfera cujos pontos cardeais servem apenas como orientação. Ou talvez nada disso venha a acontecer. Em todo caso, algo sabemos sobre as ideias práticas que propiciam essa situação e sobre aquelas que a impedem. Porque uma coisa é o direito à diferença e outra é a condenação ao exotismo.

Sobre as Diferenças Legítimas e a Arte de Universalizar

Uma das acusações – digna de crédito – que se pode fazer ao universalismo é a de que, por ser comum, é falso: somente quem deseja exportar todos os seus traços "idioletais"* se toma por universal. Por exemplo, se uma cultura ou civilização é particularmente ansiosa ou rapaz, considera que a natureza humana é ansiosa e rapaz. Enfim, o argumento consiste em que, frequentemente, os universalismos são falsos por tomarem a parte pelo todo. Esse tipo de universalistas não respeita a diferença, pois despreza-a. No prólogo de seus ensaios sobre ética, Schopenhauer introduz uma frase que sempre me fascinou: "Parecem orgulhosos e descontentes: parecem-me de origem nobre".

Diante desse olhar, o diferente se acanha e contrai. Ou então, quando ergue sua voz contra ele, além de diferente, torna-se divergente.

* De *idioleto*, características línguísticas próprias a um indivíduo em determinado momento (N. da T.).

Os diferentes que se calam deixam de ser levados em conta. E assim foi por muito tempo, até que a divergência foi naturalizada nas sociedades políticas, quando se afirmou de fato e de direito. Em seu livro *A Democracia na América,* Tocqueville foi o primeiro a registrar este traço das formas políticas então nascentes e novas: todo indivíduo desconfia do poder do Estado e, quando sente que sua esfera foi invadida por alguma ação estatal, busca imediatamente o traço que o faz divergir e outros indivíduos que dele compartilhem. Associa-se com eles e expõe sua diferença de forma explícita, a fim de refrear o impulso uniformizador do governo. Porque se somos iguais no que tange à cidadania, a divergência deve ser reconhecida como direito. Se estamos dispostos a respeitar a igualdade política, a diferença adquire sentido grupal. Se os cristãos podem edificar igrejas, os judeus podem fundar sinagogas e os muçulmanos, mesquitas. Nenhum deus é mais normal que outro, pois o Estado só reconhece a si mesmo como instância definitiva. Se o saber e os títulos que o legitimam são um bem, proibir as mulheres de estudar na universidade é oneroso e injusto. Precisamente por ser a instância última e suprema, o Estado não deve ser o mero executor dos desígnios patriarcais. Se protege o trabalho e a indústria, mas proíbe a existência de sindicatos ou greves e não oferece nenhuma cobertura social, fica evidente que não personifica o interesse comum, mas apenas o interesse dos ricos e poderosos. Por meio desses e de outros episódios semelhantes, o tecido de nosso atual universalismo foi sendo constituído. Está relativamente avaliado e autenticado. A única objeção que lhe pode ser feita é a de que fomos nós que o avaliamos e autenticamos, isto é, que tal universalismo é apenas e tão somente um traço particular de nossa estrutura social, característica das sociedades "do norte", nem aprovado nem solicitado pelas demais.

Ao dizê-lo, encerramos a questão, pois das duas uma: se o dizemos nós, isso se converte num exemplo de divergência que não combate, mas antes comprova a consistência do modelo; se o dizem eles (quem quer que sejam, exteriores a nós), nesse caso colocam-nos uma divergência que cabe em nosso modelo, mas não no deles, isto é, caem em paradoxo solicitando atenção para algo a que não estão dispostos a dar atenção. Diante de tal situação, abrir-se-ia um leque de questões: todos vocês estão de acordo com a reprovação exposta? Demonstram tolerância em relação àqueles que dela discordam, dentro de seu grupo? Se há pessoas que discordam, têm elas o direito de tornar pública sua postura? Enfim, só admitimos a diferença da qual se queira constituir uma divergência e que, além disso, admita a divergência no próprio seio da diferença invocada.

Entretanto, como já disse, a questão em si dissolve-se. Esse outro, se é verdadeiramente outro, não quererá argumentar, e a capacidade da razão para universalizar o deixará indiferente. Ele simplesmente atacará ou se defenderá recorrendo a recursos menos dialéticos. E temos aí uma outra arena na qual a capacidade técnica da razão também joga a nosso favor, ainda que diminuindo, com frequência, nosso crédito moral. Os dados estão viciados e não são os nossos argumentos o que tornaria provável a vitória. Ou, pelo menos, não apenas. Mas parece que isso nos incomoda.

Última Nota sobre a Vontade Comum

O primeiro e legítimo fundamento da universalidade é a simetria. É comunicar, dirimir as controvérsias e julgá-las em pé de igualdade. E nossa experiência indica que quanto menor a igualdade real e concreta, maior deve ser a criação da igualdade abstrata. É por sermos de fato diferentes que necessitamos da linguagem comum da universalidade. Cada vez que "nós" e "eles" se confrontaram, a boa saída consistiu em ampliar e precisar a noção inicial de "nós". Se nossos avós foram ávidos pelo exotismo e pelas riquezas do Sul, nós, netos, ao contrário, estamos perplexos assistindo à sua sangria, que não sabemos como impedir. Esse Sul do qual temos quase todas as imagens já não nos parece exótico, nem consideramos que mereça um destino diferente do nosso. O seu sofrimento e nossa capacidade de universalizar nos colocam num estado de tensão não resolvida em relação a ele. E assim passamos uma década, a mesma em que encaramos e duvidamos do processo de globalização. Porque a consciência não nos permite acreditar que aquilo que não é bom para nós seja bom para outros; já não conseguimos dirigir um olhar condescendente e "exotizador" ao que acontece na África, por exemplo. Já não acreditamos que "eles" sejam diferentes, nem mesmo se fizessem um acordo para ratificá-lo. Ao contrário, supomos que todos são capazes de proferir as palavras de Shylock.

Enquanto esta ilusão se desenvolveu, tal monólogo parece ter planado sobre nossa relação com "o outro". Relembra vivamente o que o universalismo ético assinala de forma abstrata: que não posso desejar para o outro senão aquilo que desejo para mim; que não devo condenar ao exotismo; que não sou um dos viajantes do século XIX, quando o mundo ainda não vivia a mesma cronologia, nem era tão interdependente economicamente. Tampouco sou um habitante do Norte viajando pela Itália e fantasiando o Sul. Em vez disso, sei que esse Sul exótico não existe, que se trata de um sonho alienado, uma fantasia infantil da cultura; fantasia compartilhada, certamente, mas nem por isso menos fabulística. Este "outro" é uma invenção minha. Não somos idênticos, mas tampouco tão distintos. Precisamente por isso temos de nos considerar como iguais. O que nos iguala é uma medida abstrata, a medida comum da humanidade que compartilhamos e suas criações de valores, entre as quais a dignidade humana é a criação fundamental.

Nenhum multiculturalismo de boa estirpe pode eximir-se de subscrever os conjuntos de normas básicas que forjamos com tanto esforço. A principal, que serve de referência para os oprimidos e "exotizados" do mundo inteiro, é a Declaração Universal dos Direitos Humanos, de 1948. Convém relembrá-la. O multiculturalismo bem compreendido não apenas começa por nós mesmos e pelos direitos individuais, mas também tem de possuir os direitos humanos como princípios básicos.

Os Descobrimentos Morais

Os problemas enfrentados pelos direitos humanos não são, como o foram no momento de sua proclamação, problemas relativos à concordância ou à fundamentação. Na época, aqueles que não os subscreveram argumentaram que eram insuficientes, ou por deles divergirem culturalmente, como no caso da Arábia Saudita e da África do Sul, ou por considerarem-nos liberais, como no caso da URSS e de seus satélites. Sem deixarem de existir, ambos os argumentos se transformaram.

Grande parte das críticas gerais que lhes são feitas na atualidade estão encobertas por uma capa de multiculturalismo ou de direito à diferença. Os direitos humanos declarados, afirmam, são os direitos humanos ocidentais, direitos da tradição individualista do Iluminismo, que não coincidem com os direitos humanos da tradição islâmica, nem com os de cunho asiático, nem com os africanos. Em nenhuma dessas formas de civilização o indivíduo é o rei da criação, e nem por isso elas são formas sociomorais injustas: nelas prima o sentido de comunidade e, portanto, são os direitos da comunidade como tal e os deveres do indivíduo para com ela que devem ser proclamados. E assim foi feito em algumas declarações alternativas.

Se essa foi uma das frentes abertas desde o início, a outra não é menos antiga. Por enunciar o direito à propriedade, a declaração converteu-se em objeto de ataque para diversas ideologias de caráter comunitário e societário. E mesmo que a queda do bloco do Leste tenha tornado essa questão menos virulenta, nem por isso ela é menos delicada. Com efeito, o primeiro parágrafo do artigo 17 enuncia: "Toda pessoa tem direito à propriedade, individual e coletivamente".

E o segundo parágrafo acrescenta: "Ninguém será arbitrariamente destituído de sua propriedade". Percebe-se claramente que os redatores tentaram chegar a um acordo com o coletivismo comunista; entretanto, esse acordo não foi aceito. O direito à propriedade, ao qual Hegel aludiu como "direito ao direito", precisa ser constantemente matizado a fim de que os outros direitos tenham campo de extensão. Nele constatamos o conflito sistemático entre a ideia de liberdade e a de igualdade, conflito esse que reaparece no conjunto de artigos da Declaração, mesmo numa leitura superficial. E o máximo que pode ser dito a seu respeito é que não pode ser resolvido em termos absolutos.

A ideia de que os direitos reunidos pela Declaração não são absolutos, mas sim históricos é, até hoje, uma outra frente de batalha para aqueles que apontam falhas quanto à fundamentação. Ainda que Bobbio tenha resolvido tal problema não o declarando como tal, escrevendo que "o problema dos direitos humanos não é sua fundamentação e sim como protegê-los", isto não impediu que seu tênue positivismo fosse atacado. Digo positivismo porque Bobbio foi categórico em relação ao problema da fundamentação: "Atualmente, podemos dizer que o problema dos fundamentos dos Direitos Humanos teve sua solução na Declaração Universal dos Direitos Humanos aprovada pela Assembleia Geral das Nações Unidas", afirmação com a qual resolveu o problema da fundamentação. Há suficiente consenso sobre os direitos humanos e sua enunciação universal dotou-os de juridicidade.

Entretanto, como já disse, nem todos os que se ocupam com estas questões compartilham deste critério de Bobbio. Citarei McIntyre como exemplo, que chega a afirmar que "crer nos direitos humanos é como crer em bruxas e unicórnios". Tais direitos não são inerentes à condição humana como tal, mas sim invenções, cujos registros linguísticos mais antigos remontam ao século xv, no caso ocidental, e ao século xix, no caso de outras sociedades; de tais direitos, a maior parte da humanidade do passado nunca teve notícia, e os direitos enunciados pelas Nações Unidas nada são além da expressão de um conceito de direitos "concebido para servir a um conjunto de propósitos, como parte da invenção social do agente moral autônomo". De fato, acrescenta McIntyre, na Declaração de 1948 as Nações Unidas não deram nenhuma boa razão para nenhuma de suas afirmações, prática esta que "se tornou normal para as Nações Unidas e que é por elas seguida com grande rigor"[1]. Certamente não é fácil dar por resolvido o problema dos fundamentos. Contudo, como orientação diante de McIntyre, convém acrescentar que, para ele, toda a moral moderna carece de fundamentos. Além disso, é evidente que uma Declaração Universal de Direitos tem tão pouco sentido nas sociedades pré-modernas quanto endossar um cheque em uma estrutura social destituída de circulação monetária, usando um exemplo do próprio autor. Seja como for, porém, a declaração foi feita. Seus princípios constam em muitas constituições, servindo igualmente, e com frequência, como princípios para a elaboração de jurisprudência. Por isso, bem ou mal fundamentados, existem; e são, de alguma maneira (daí a opinião de Bobbio), positivos. Ainda que não sejam uma realidade absoluta, são uma realidade nossa, do nosso tempo, assim como tantas outras, inclusive as novidades sociais e técnicas.

Uma Vez Mais, o Humanismo

Em seu caráter de doutrina positiva, o humanismo deriva elementos de tradições muito variadas, mas rompe com suas referências de origem para converter-se numa fixação de limites que tem pretensões de autossuficiência. Entretanto, não é "autoevidente", pois não pertence a tal ordem, mas apenas "autorreferente". Tem uma data fundamental que não pode ser eliminada, precisamente esse dez de dezembro, há mais de meio século, no qual a nova lei foi enunciada e aprovada.

1. *Tras la virtud* (1981), Critica, Barcelona, 1987, p. 92 e s.

"Nenhuma diferença sem igualdade" poderia bem ser o lema do multiculturalismo satisfatoriamente compreendido. A igualdade é fornecida pelos direitos individuais que constam na Declaração e que muitos Estados, há mais de cinquenta anos, vêm inserindo em suas constituições. Estas normas básicas de respeito e dignidade estabelecidas pela Declaração de 1948 são o critério que permite distinguir certos multiculturalismos de outros. A questão nos diz respeito pois, antes que tenham transcorrido outros cinquenta anos, nossas sociedades serão de fato multirraciais e, não sabemos em que medida, multiculturais. É imprescindível que tenhamos um critério, e que ele esteja claro para nós; algo que permita, por exemplo, distinguir com nitidez um tabu alimentar de uma mutilação indigna, o uso festivo e livre de uma vestimenta de uma imposição opressiva e intolerável de uma marca de inferioridade.

Enfrentamos o desafio de poder assimilar as diferenças colocando-nos todos sob uma lei comum, ou então de passar por conflitos sem precedentes que podem colocar em risco nossas formas políticas e nossos modos de vida. E somente a ética resultante de uma ideia comum de justiça, essa grande invenção, pode nos ajudar a enfrentar o desafio do presente.

Tradução: Lara Christina de Malimpensa

AS FACES DA ÉTICA
Roberto Romano

O apelo à ética faz-se, no Brasil e no mundo, tendo em vista a justiça e os direitos humanos. A ética, entre nós, evoca justiça e direito, sobretudo o direito à vida. Num instante em que a morte de todos os humanos, pelas mãos dos terroristas gêmeos do Estado e dos grupos sectários apresenta sua face hedionda e a vingança assume o papel da justiça, é preciso cuidado com o uso indiscriminado da palavra e com as doutrinas sobre a ética. Hoje, no Brasil, há o uso absivo do termo, servindo ele como uma espécie de "abre-te sésamo" para resolver problemas humanos antiquíssimos, como os do mal, da corrupção etc. Qualquer político, mesmo quando corrupto, sente-se no direito de parolar sobre a ética, ou mesmo escrever sobre ela. No uso inflacionário daquela palavra desaparece todo seu valor.

Eu sugiro buscarmos a ética mais ou menos como Platão recomenda que se procure a justiça. Em *A República*, o nosso maior livro ético, Sócrates compara a pesquisa da justiça a uma caça. Devemos pensar que a justiça é animal astucioso escondido numa touceira de mato. Ela pode fugir das nossas mãos, escapar sob nossas pernas. E mesmo quando agarrada, podemos perdê-la. Sua essência é fugidia. Assim, para chegar até à justiça é preciso muito cuidado. Quando a imaginamos em nossos braços, ela está longe de nós. É tolo imaginar que temos o monopólio da justiça, bem como da moral e da ética.

A imagem da caça é relevante na obra de Platão. Em outro livro estratégico para a nossa cultura, *As Leis*, ele diz que o ensino dos jovens deve prevenir e proibir sobretudo a caça. Existe a caça aos animais, mas também existe a caça aos homens. Assim como a primeira deve ser regulamentada, a segunda deve ser vista como indesejável. Caçar homens é dar-lhes o estatuto de feras. Se permitimos a caçada aos homens, deixamos que os jovens pensem que se trata de feras, monstros. Se pensarem assim, não pode surgir nenhuma amizade entre eles. Sem amizade, não há convívio; sem ele, qualquer organismo político está quebrado a partir de seu interior. A caça ao homem pode definir a guerra e a escravidão. Numa frase, com frequência mal compreendida, Platão diz no mesmo livro que uma cidade só pode ser justa se nela as dores e alegrias do indivíduo constituírem as dores e alegrias de todos. E dores e alegrias de todos definem as dores e alegrias dos indivíduos. Se numa cidade muitos riem e alguns choram, isto marca a sua injustiça. Pior é quando, como no Brasil, muitos choram e meia dúzia de ricos, os que integram o *happy few*, riem às bandeiras despregadas.

A ideia de monopolizar o bem, jogando o mal para os nossos adversários, para os que agem e pensam diferente de nós, acompanha a ideia de controlar a verdade. Vejamos na cena mundial. O governo americano proclama ser dono da "civilização" e do verdadeiro, os companheiros de Bin Laden agem e falam do mesmo jeito. Ambos desgraçam seres humanos em nome de sua pequena verdade. Como diz Erich Auerbach, a propaganda dos poderosos pode ser imaginada por nós como um palco, onde passeia certo holofote. Os propagandistas iluminam uma parte do palco e deixam as demais na sombra. Assim, o que eles dizem é verdade. Mas não é toda a verdade. "E da verdade, faz parte toda a verdade"[1]. Assim, muita verdade existe nas falas de Bush e de Bin Laden. Mas como eles não mostram as outras verdades, mentem. Auerbach refere-se à propaganda nazista, a qual ensinou os atuais líderes políticos, no oriente e no ocidente, a bem mentir. Para não cair no truque do holofote, é preciso usar o tempo e a prudência, iluminar os cantos escondidos da política e da história. Mas as comunicações de hoje, do rádio à TV, não permitem o uso de muito tempo. Um minuto na TV é uma eternidade. Assim, nos afastamos velozmente de todo conteúdo e de toda forma verdadeira. Volto a Platão: cautela, assim como a justiça, é fugidia e não podemos ter certeza de possuí-la totalmente; a verdade, diz ele, é invisível para nós. "Se todos pudessem enxergar a verdade, todos se maravilhariam com ela". E não existiria mentira nem males no mundo, nem coisas feias. Não é assim que se passa. Somos imersos no tempo e no espaço. Tudo o que é absoluto nos ultrapassa. Apenas os tirânicos donos do verdadeiro, que sempre mentem, decretam possuir o bem, o belo, o verdadeiro em seus corpos e almas, de modo imediato. Estes são capazes de matar milhões para que a sua verdade, a sua noção de bem ou de belo triunfem.

Ética, justiça, verdade são ideais que norteiam a nossa vida. Mas nunca se encarnam em indivíduos ou povos, excluindo os demais. E esses mesmos valores, como Dorian Gray ou Dr. Jekyll e Mr. Hyde, podem assumir faces opostas.

A ética de um povo pode ser excelente, mas ela também pode ser horrenda, pois trata-se do conjunto de hábitos, atitudes, pensamentos, formas culturais adquiridas durante longo tempo. Uma ética não surge de repente, brotando do nada. A ética, desse modo, vai-se sedimentando na memória e na inteligência das pessoas, irradiando-se em atos, sem

---

1. Erich Auerbach, *Mimesis,* 4. ed., São Paulo: Perspectiva, 2001.

muitos esforços de reflexão. A ética é o que se tornou quase uma segunda natureza das pessoas, de modo que seus valores são assumidos automaticamente ou sem crítica.

Existem atitudes éticas que classes sociais ou povos assumem de modo irrefletido porque foram aprendidas desde a mais tenra infância. No Brasil, o trânsito é bom exemplo do que é a ética. Aqui, o correto é passar o sinal vermelho, atropelar pedestres nas faixas a eles destinadas, andar nas estradas numa velocidade acima dos 170 km por hora, desrespeitar regras de trânsito e de estacionamento. Esse modo de agir é automático, aprendido na propaganda, nas reuniões sociais, na escola, na família. Recentemente um ministro dos transportes, em Brasília, estava no carro com seu filho. O automóvel ministerial, dirigido em alta velocidade pelo moço, matou um pedestre sem que nenhum socorro lhe fosse prestado. Os deputados e senadores da república prestaram solidariedade ao ministro e não à família do morto. Ainda mais recentemente, outro ministro dos transportes estacionou seu carro sobre a calçada. Foi multado pelo policial competente. E o policial foi punido, porque o ministro dos transportes julgou ser uma pessoa excepcional, pois era ministro. Se qualquer um disser a esses ministros, políticos, donos de veículos brasileiros, que seu comportamento é típico de assassinos, eles ficarão chocados, pois se imaginam honestíssimos. Contudo, a ONU não aceita dados de acidentes de trânsito no Brasil, pois ela os julga assassinatos. No trânsito brasileiro mata-se mais do que em muitas guerras. E a morte continua sendo distribuída. A propaganda, criminosamente, incentiva isso, com explícitos incentivos ao excesso de velocidade. Como naquele *outdoor* da Audi: "se você enxergar este logotipo, passe para a direita". Essa é uma ética assassina, que nada deve às máfias do mundo. E ela é praticada por pessoas que se julgam boas e verdadeiras, pessoas que apoiam a pena de morte para os bandidos. Sendo elas mesmas bandidas.

Para escapar de uma ética assim, apenas a educação pública para o convívio, para o respeito aos outros; uma educação coletiva para o exercício do pensamento seria uma solução. Apenas quando indivíduos e coletividades pensam, julgam e criticam seus próprios costumes, temos esperanças de modificar comportamentos adquiridos, automatizados. A ética, não raro, precisa de choques do pensamento e da moral para se modificar. Na Alemanha nazista, nas concentrações soviéticas de massas, não nos iludamos, era a ética que desfilava nas ruas pedindo o massacre dos diferentes, dos supostos "inferiores".

Para quebrar o monobloco das péssimas certezas éticas, é preciso educação do pensamento e da sensibilidade. Mas é fundamental que nos entendamos, todos nós, indivíduos e povos, enquanto mistos de bondade e de violência, de anseio pelo verdadeiro e pela mentira, seres duplos, todos nós. Sêneca, desejando exorcizar a ira, uma loucura breve, recomenda que, ao estarmos irados, olhemos para um espelho. O nosso rosto, nessa condição, mostra-se feio, retorcido, os olhos inchados de sangue e ejetados, num horror mais do que bestial. Com esse reflexo horrendo, nos acalmamos e retomamos o pensamento, a reflexão.

Gostaria de recordar a palavra de Pascal, o grande pensador, sobre o ser humano. "Que estranha quimera é o homem", diz Pascal, "ele é uma novidade, um caos, um tema de contradição, um prodígio, é juiz de todas as coisas e imbecil, verme da terra e depositário do verdadeiro, cloaca de incertezas e de erros, glória e vergonha do universo" (Blaise Pascal, *Pensamentos*). Os relatos trazidos sobre os campos de concentração, as guerras do século XX, as violências cometidas por homens que se julgam "honestos", todos esses matizes tremendos integram a ética e exibem os traços do ser humano que abarca o infinitamente grande, mas que pode cair em nauseante baixeza. É verdadeira a constatação de Pascal de que um lado do homem não destrói o outro: somos belos e horrendos, inteligentes e imbecis, juízes e réus, ordenados e caóticos. O problema do mal tem sido visto, não raro, de modo abstrato. No desejo de pacificar a angústia de nossa essência monstruosa, filósofos e teólogos (e hoje os psicólogos...) elaboraram teses sobre o fundamento "bom" ou "ruim" dos seres humanos. Rousseau de um lado, Hobbes de outro, percebem a nossa raça constituída de perversões de um fundamento original. Como o deus Glauco, diz Rousseau, belíssima estátua jogada no mar e coberta de sujeira, parecemos horrendos mas somos bons e belos. Basta adestrar a nossa vontade e pensamento na trilha dos valores, para que apareça o deus sublime escondido em nós. Não se atinge entretanto esse alvo sem reprimir os rebeldes que insistem em desobedecer o bom conselho. "É preciso obrigar o homem a ser livre!" Somos lobos vorazes, diz Hobbes, e não deixamos a ferocidade apenas porque nos submetemos às leis do contrato e do soberano. Se aceitamos não matar o corpo dos nossos iguais, continuamos, pela nossa língua afiada, matando as suas almas. Nos salões festivos, aconselha Hobbes, é elogiável o sujeito que escolhe sair por último, porque os que permanecem estraçalham, com alegre crueldade, as vidas dos que se despedem primeiro (*De cive*).

A suposta natureza, boa ou maléfica, que os teóricos atribuem ao homem, liga-se às propostas políticas para seu controle. Quando se enuncia a perversidade radical dos humanos, a repressão é quase sempre o remédio receitado. Quanto pior o juízo sobre a perversidade, mais violento deve ser o regime ideal. Donoso Cortés, escritor do século xix que inspirou as piores ditaduras em nosso continente, como a brasileira na era Vargas e a chilena de Pinochet nos anos 70 do século xx (ele também foi um patrono de Carl Schmitt, um jurista do nazismo), afirmava que sem Deus "el reptil que piso con mis piés, seria à mis ojos menos despreciable que el hombre". É com essa doutrina, que dá conta apenas de um lado humano, que Cortés recomendou a ditadura como único meio de controlar os tempos modernos.

É certo que o homem é bicho. Mas mesmo os bichos são capazes de razão, como ensina Plutarco, a maior fonte do humanismo no Ocidente. Portadores de bem e de mal, qualquer um de nós, sob o impulso do medo e das outras paixões, pode matar, como se isto aliviasse o fardo da consciência, do pensamento. "Por que te preocupas com o cisco no olho do teu irmão? Cuidado com a trave que está no teu olho!" A frase, diz-se, é de um Deus/homem. Ela desmonta a hipocrisia dos "normais" que julgam, prendem, arrebentam as "feras", os "monstros" que, por definição, só podem ser "os outros". A misericórdia some quando mandam os "bons". Mas cada um de nós pode ser jogado, segundo as circunstâncias de um país onde não existe proteção governamental aos direitos individuais e coletivos, na condição de "fera", de "monstro". Os linchamentos que ocorrem em nossa terra, dos quais frequentemente fica provada a inocência dos linchados, é prova de nossa impotência de pensamento, misericórdia, sensibilidade. Vivemos sempre o inferno, sem esperança de melhoria.

"A invenção do inferno é a maior das monstruosidades. É difícil compreender que se possa esperar algo bom dos homens, após esta invenção. Não seriam eles forçados a sempre inventar novos infernos?" (Elias Canetti). Tais indagações, que foram enunciadas pelo filósofo que recebeu o prêmio Nobel como tributo à sua obra literária e humanística, são respondidas diabolicamente pelos seres que se imaginam "racionais".

Vivemos cada átimo como se fosse dia do Juízo. Na loucura que nos move, pretendemos possuir o direito de sacrificar bichos e pessoas na mesma cerimônia mortal que denominamos "justiça". Ainda, como na Idade Média ou na Grécia arcaica, matamos seres animados para aplacar deuses sedentos de sangue. Tudo, na vida contemporânea, requer ainda as advertências de Empédocles de Agrigento, filósofo pré-socrático, que influiu, com seus lamentos, no pensamento contrário à cegueira assassina dos homens. Diz Empédocles que, na vingança universal,

o pai ergue o seu próprio filho querido, a sua forma mudada, e, rezando, mata-o, louco insensato; e as pessoas ficam confusas quando sacrificam a vítima que implora [...] Não cessareis a carnificina odiosa? Não vedes em que loucuras descuidadas vos estais a consumir uns aos outros?

Ainda hoje a maneira de entender a justiça possui apenas a vingança como nome. O ato vingador exige a reparação exata, plena, mas louca. Nele, a morte requer morte. Apenas o nada resulta dessa equação fria.

Pensemos na situação da mulher. Milhares de anos de pensamento masculinizante definem o feminino como inferior, monstruoso. De Aristóteles até Hegel, as mulheres são postas como incompletas e devem, por isso, ser controladas pelos entes masculinos, os perfeitos. As metáforas empregadas pelos filósofos dizem muito sobre o valor de seus sistemas. Hegel, referindo-se à diferença entre homem e mulher, diz que a última assemelha-se ao vegetal, enquanto o primeiro se parece mais ao animal. Ou seja: as mulheres deitam raízes no lar e são marcadas pela sensibilidade. Enquanto isto, a vida pública é o lugar do ser masculino e seu apanágio seria o pensamento. As mulheres, afiança Hegel, são até capazes de cultura, mas nunca atingem o conceito, a totalidade da experiência social e política. Logo, elas devem estar fora da vida política e do Estado.

Uma fonte do pensamento masculinizante na cultura "cristã e ocidental" é Frei Antonio de Fuentelapeña. Num livro genocida, até hoje editado na Europa – *El Ente Dilucidado. Tratado de Monstruos y Fantasmas* (1676) –, diz o religioso: "a mulher não atinge a perfeição de seu gerador, o homem. Logo, ela é monstro em certo sentido". E termina: "o sexo masculino é mais perfeito [...] Há mais verdade do que imagina no dito de alguns, de que na Ressurreição, toda a humanidade ressurgirá masculina".

A mulher, suposta fonte de pecado, seria monstruosa e produziria monstros. O convívio com o sexo feminino, sobretudo se desprovido de moderação, produziria seres perversos. Na grande época do humanismo, a Renascença, por volta de 1582, A. Paré escreveu o famoso *Dos Monstros e dos Prodígios*, cuja autoridade espalhou-se pela Europa. Paré afirma que a imaginação da mulher mimetiza horrores, pois ao ver figuras disformes ela causa seres distorcidos. A mulher não gera, mas gere o embrião. Este é apenas um bem que pertence ao homem, o único gerador da vida.

É imensa a fieira dos filósofos, teólogos, médicos, psicólogos, juristas, que produziram a imagem da mulher como um ser perigoso pela sua monstruosidade. Esse fio percorre a história do pensamento ocidental até os nossos tempos. Hans Mayer, crítico literário de agora, escreveu páginas lancinantes sobre este ponto. Seu livro, *Os Marginalizados*, trata da mulher, do judeu e do homossexual no mundo pretérito e atual. Ele ajuda a entender o horror sagrado que reduz as mulheres, especialmente se acusadas de crime, em vítimas expiatórias, que recolhem todo o ódio dos "santos", os donos da vida social. Num ensaio sobre o tema, "A Mulher e a Desrazão Ocidental", incluído em meu livro *Lux in Tenebris*, trato com vagar esse prisma odioso da filosofia.

Na filosofia de Aristóteles, retomada por Santo Tomás de Aquino e seus pares, a matriz da mulher não lhe pertence, mas ao homem. É nele que residiria o poder gerador. A mulher forneceria apenas o receptáculo onde cresce o feto. A fonte vital seria masculina. Assim, quando a mulher atenta contra o embrião, ou mata os rebentos, cometeria, segundo os donos do espaço político e social, sempre homens, um crime contra a vida e, ao mesmo tempo, desafiaria o controle do macho sobre o seu útero. Tratar-se-ia de um crime duplo, sobretudo o de lesa propriedade. A mulher, imperfeita e monstruosa, caso atente contra a marca do homem e o seu direito de vida e de morte, merece o suplício infernal.

As ideias sobre o direito da mulher decidir sobre o seu corpo são recentes na história do pensamento. Elas têm a idade da Revolução Francesa e dos direitos humanos. Na base da consciência coletiva ainda permanece, fortíssima, a doutrina tradicional, masculinizante. Esta última é reforçada por instituições dirigidas por homens, como a Igreja Católica. Sempre que um atentado ao embrião (o aborto) ou aos filhos adquire a notoriedade pública, as mulheres que protagonizam aqueles dramas são vistas como seres monstruosos que devem pagar com sofrimentos dignos do inferno o atentado à vida e à propriedade sobre as fontes vitais, algo essencialmente masculino.

Semelhante sentimento de vingança dos machos levou à fogueiras milhares de mulheres, condenadas por bruxaria. Uma das acusações principais contra elas seria a de manipular a semente vital. Se todo crime merece a morte, a falta da mulher que desafia uma ordem divina e os privilégios do homem merece a morte sempre adiada, cheia dos terrores do medo. A fogueira cumpriu perfeitamente tal função.

Hoje, mulheres acusadas de assassinato são conduzidas, com homens infelizes (a eles também se atribui a qualidade de seres monstruosos), aos corredores da morte, onde a incerteza corrói cada instante. A morte é adiada e ressurge a cada pedido negado de clemência. O inferno é encenado com todos os ritos de um Sabá oficial. O poder político, grande ídolo implacável, é invocado com precisão matemática, como se fosse a máquina sublime da morte. Setores da população, que ainda possuem sentimentos e honra, lutam para abolir a pena de morte. Mas a grande massa, dirigida por demagogos e hipnotizada pela mídia, conduz para o altar macabro um ser humano, outro ser humano, outro ser humano...

Os Estados Unidos pretendem dar lições de civilidade ao resto do mundo. Mas naquela federação, muitos estados mantêm a pena de morte. O aspecto mais sinistro dessa pena reside na repetição mecânica e automática. A cada dia, hora, instante, um ser humano é conduzido à câmara onde recebe o fim. O indivíduo, no corredor limpo e polido que leva ao sacrifício, repete na alma e no corpo os espasmos da esperança e do terror. E a cada novo dia, a imprensa traz manchetes anunciando a retomada dos trabalhos nos matadouros públicos. O sofrimento repetido hipnotiza a multidão, banalizando o horror. A pena de morte transformou-se em algo banal, admitido e sancionado. Ela, nos dias de hoje, é um lugar comum, e todo lugar comum é uma espécie de reza que funciona pelo mecanismo da repetição e de sugestão, veiculando na vida social o mesmo poder de hipnose que o das preces na vida religiosa. A pressão sociocultural impõe a repetição. A repetição excita e suscita a superstição.

(Shoshana Felman: *La Folie et la chose littéraire*).

Trata-se bem de superstição, no caso de tantas mulheres, ao longo dos tempos. E de vingança, sede ancestral de sangue propiciatório. Superstição porque os defensores da pena capital não pensam a totalidade do fato criminoso. Superstição porque eles se baseiam em preconceitos, não em ciência ou na moral prudente. No Brasil, a pena de morte contra as mulheres é efetivada em matadouros clandestinos para onde elas seguem para fazer abortos e são literalmente assassinadas sem assistência. Atingem a casa dos milhares e milhares o número de mulheres que morrem desse modo todo ano no Brasil. Tudo para que uma forma ética continue reinando, sem piedade nem lucidez.

Termino enunciando os traços éticos mais tristes de nossa sociedade:

No Brasil, mulheres e crianças, no seu próprio lar, são espancadas e submetidas a violências físicas covardes. Os dados estatísticos ferem a consciência moral das pessoas retas.

No Brasil, reina o costume dos ricos fazendeiros e demais exploradores rurais mandarem matar as pessoas incômodas, entre elas, líderes de sindicato como Chico Mendes, repetindo hábitos que vêm desde a Colônia.

No Brasil, mesmo pobres pagam "justiceiros" para matar seus semelhantes, acusados de bandidagem, de estupro, ou de outras coisas, como rixas sem maior importância.

Nota-se que no Brasil a justiça se faz com as próprias mãos. É a lógica e a ética da vingança, sem passar pelos tribunais.

No Brasil, homossexuais, negros e índios são mortos (por meio do fogo dos revólveres, das facadas e até mesmo do fogo ateado em suas carnes). E isso é visto como normal, ninguém é punido, salvo quando os assassinos ultrapassam os limites mesmo de uma sociedade conivente.

No Brasil, quem ocupa cargo público julga-se acima dos demais cidadãos, forma uma sociedade política separada do universo social. Políticos nacionais, com raras exceções, têm como axioma ético o famoso "é dando que se recebe" cunhado pelo falecido Roberto Cardoso Alves, mas seguido pelos vivíssimos deputados, senadores e outros.

No Brasil, o governo despreza a educação pública, do primeiro grau às universidades. O governo é portador de todos os direitos, como sempre notamos nos julgamentos do Supremo Tribunal Federal, em que a regra é perderem os cidadãos em proveito dos governantes, em juízos *a priori* determinados pela decisão política. Decisões do Supremo, como a das sobretaxas e punições no caso do "apagão", do qual o povo que sempre pagou impostos não é culpado, implicam um desprezo imenso pela população. Lembram-se os presentes? O juiz do Supremo, responsável pela decisão, disse que se não houvesse penas e multas o povo não economizaria energia elétrica. Essa é a ética do chicote e do desrespeito pela cidadania. Os cidadãos, dos sindicatos aos empresários, não são culpados da imprevidência governamental, mas o juiz do Supremo julga em favor do governo, desprezando e insultando o povo. Essa ética é lamentável.

No Brasil, a sonegação fiscal é a regra. Poucos empresários cumprem seu dever. Grande parte deles não investe em suas empresas. O Brasil é o país onde empresas ficam pobres e seus donos aumentam o patrimônio pessoal e familiar. A justiça se cala. A sonegação brasileira acompanha a concentração da renda. Em ambas, o Brasil possui recorde mundial. Assim como recorde mundial de miséria, falta de segurança etc.

Todos esses pontos se passam entre nós sem que as consciências governamental e da elite, e mesmo da classe média, se comovam. Em suma: a nossa ética imperante precisa, urgente, de um choque de moral e de pensamento. Somos um povo do qual 150 milhões choram e alguns milhares riem. A julgar pela prudente e sábia filosofia de Platão, somos um povo que, a continuarmos nestes padrões éticos, tornar-se-á inviável. Peço perdão pelo tom cinza de minha fala. Mas tenham certeza, perto da realidade brasileira e do mundo, ela é demasiado otimista.

ÉTICA COSMOPOLITA
Matthias Lutz-Bachmann

Diante de acontecimentos bélicos na cena política internacional no início do século XXI, pergunta-se de novo sobre a possibilidade de fundamentação da ação política sobre princípios éticos.

O antigo debate entre os representantes do neoliberalismo e do comunitarismo girava em torno do seguinte problema: se – e em que medida – a questão sobre o politicamente "justo" pode ser separada da questão sobre o moralmente "bom". Enquanto os representantes da posição liberal querem salvar a validade universal dos princípios jurídico-políticos por eles reclamados, desvinculando-os da resposta à questão sobre o bem, os representantes do comunitarismo, ao contrário, vinculam as questões sobre a justiça política à questão sobre a "boa vida" e recusam as abstrações sobre as quais, pretensamente, fundam-se as suposições de seus adversários liberais.

Certamente não se deve, diante dessa controvérsia, ignorar que ambas as partes baseiam-se nas mesmas suposições centrais. Leva-se aqui em conta principalmente a concepção de que a questão da eticidade, devido ao pluralismo fático das sociedades modernas e à multiplicidade das formas de vida, escapa fundamentalmente a uma resposta universal pela filosofia. Enquanto o liberalismo político, devido à procurada validade universal dos princípios por ele defendido, pleiteia uma estrita separação entre as questões do "justo" e do "bem", os comunitaristas, pela mesma razão, concluem, a partir da suposição já mencionada, a saber, a impossibilidade de separação do "justo" e do "bem", que também a questão da justiça política deve ser submetida a uma leitura pluralista, ou ao menos culturalista.

Considerando-se os atuais acontecimentos da política internacional, aquele confronto acadêmico ganha uma atualidade inesperada. Refiro-me à seguinte controvérsia pública: o atentado ao World Trade Center, em Nova York, e ao Pentágono, em Washington, pode ser visto como uma "guerra" entre "culturas" e, particularmente, as medidas já realizadas ou ainda planejadas do "Oeste", sob a condução dos Estados Unidos, podem ter uma legitimação de princípios ético-jurídica?

A novidade nessa situação consiste exatamente nisso: não se trata aqui de agentes coletivos, como Estados no sentido do Direito Internacional clássico, que se encontram entre si em estado de guerra, mas nitidamente de indivíduos ou de grupos de pessoas com diversas nacionalidades, utilizados por estruturas pós-nacionais do tráfego de capital, de pessoas e de saber, informação e *know-how*, que atacaram instituições centrais não estatais. Isso coloca não apenas a teoria clássica do direito internacional sobre guerra e paz em questão, mas também a opção liberal de uma separação entre questões políticas e questões com orientação ética. À primeira vista, os desenvolvimentos atuais parecem dar razão à recusa comunitarista da separação neoliberal das questões do justo e das questões do bem. Contudo, uma análise mais detida mostra que, de uma perspectiva comunitarista, pouco se pode falar contra a suposição de uma inevitável "guerra de civilizações", profetizada e político-juridicamente anormal. Pois considerando-se uma das premissas comunitaristas, por exemplo, a dos direitos humanos, pode-se concluir que as medidas políticas e militares do "Oeste" devem ser entendidas como uma intervenção fundamentalmente problemática no direito à autodeterminação de outras culturas e Estados; em âmbito mundial, já nos encontramos, inevitavelmente, em uma situação de "choque de culturas".

Essa afirmação pode unir-se à autocompreensão do realismo político, mas me parece, por uma série de razões sistemáticas, incompreensível, e deve aqui ser rejeitada. Com esse objetivo, tomo o mencionado debate como ponto de partida e dirijo-me de novo à questão sobre a relação entre "ética e ação política" (ou entre as questões do "bem" e do "justo"). Nisso não partilho da concepção corrente e dominante, defendida pela teoria moral pós-convencional, de que as questões da ética aparecem de tal modo subjetivadas e pluralizadas que não podem mais, em princípio, ser respondidas universalmente ou submetidas a um acordo geral.

Nesse sentido, não se distinguem o neoliberalismo e o comunitarismo, pois as duas posições partilham de uma premissa neoaristotélica. Esta consiste em ler a questão sobre o "bem" como o fim de toda ação, como uma preferência teórica ou fusão de interesses – de todo modo, subjetivamente. Mas há aqui o perigo de se perder uma ideia central da tradição filosófica, a saber: que uma "razão prática", que contenha noções normativas, é indispensável à determinação do "bem", e uma razão que conduza a afirmações intersubjetivamente vinculantes sobre o bem como o eticamente correto. Essa razão foi considerada, desde Tomás de Aquino até Kant, como fonte de uma visão deontológica de "verdades de ação", cujos primeiros princípios universais não poderiam ser negados por ninguém sem contradição.

Com Kant e Tomás de Aquino (e nessa medida também com um Aristóteles neoaristotelicamente reduzido) defendo aqui a tese de que, ao menos em um núcleo central de nossas experiências morais e noções éticas, *não podemos deixar de reconhecer um princípio ético mínimo que, de fato, valha de modo universal, pois este encontra, de fato, unanimidade em todas as culturas e, portanto, mundialmente.* Ele é praticamente necessário, no sentido de uma exigência racional que não pode ser negada na ação. Nomeio aqui (um pouco simplificadamente) o princípio ético do reconhecimento dos outros seres humanos como pessoas que possuem os mesmos direitos que nós. Desse princípio podem ser deduzidos três princípios ético-jurídicos culturalmente abrangentes. Eles marcam o fundamento de uma ordem jurídica legítima da ação política. No entanto, de acordo com os pressupostos sociais e religiosos, em suma, culturais, incluindo-se os horizontes espirituais nos quais esses princípios são lidos e interpretados, conduzem eles a ordens juridicamente positivas e sistemas políticos que não se distinguem de modo insuperável. Essas diferenças nem são a princípio ilegítimas, nem podem ser tomadas por comprovante de uma contestação culturalística da universalidade dos princípios.

Desta argumentação para uma fundamentação normativa de princípios básicos da ação político-estatal, acessível a todas as pessoas, tiro duas consequências.

A primeira conclusão diz respeito à necessidade, ignorada pelas teorias liberais, de preocupar-se com uma promoção ativa de formas de vida morais ou, para falar como Hegel, de uma "eticidade substancial". A estabilidade de ordens jurídico-estatais não é um produto que resulta igualmente "de si mesmo" ou do funcionamento de uma economia de mercado liberal. Ao contrário: *diante do desencadeamento dos mercados e do múltiplo poder incontrolável do capital privado, o direito público e a economia sofreram uma enorme perda de significado, que se prolonga, no mundo da vida, em uma moral quotidiana capitalista, isto é, que conduz ao predomínio da ação utilitarista.* Surgem daí dúvidas insuperáveis quanto à possibilidade futura de uma concepção de política fundada jurídica e normativamente, se não houver preocupação com uma continuação de formas de vida éticas e de virtudes morais.

A segunda consequência diz respeito à precária situação da política internacional. Para ela vale o seguinte: que medidas políticas e outras, sob certas condições, também militares, não são a princípio ilegítimas, mas em todo caso não podem ser interpretadas como um "choque de culturas" (Huntington) inevitável, como uma guerra de povos estatais (Hegel) ou como um retorno da guerra entre os Estados, apenas temporariamente reprimida pelo direito, mas a princípio inevitável?

1

Parto em minha argumentação de uma experiência moral fundamental que, como mostra a história de nossas conhecidas civilizações, pode em princípio ser feita em toda cultura, em sentido positivo e negativo. É a experiência prática de uma igualdade fundamental, com a qual se confrontam pessoas em seu mundo da vida como seres que interagem uns com os outros. Essa experiência de uma igualdade fundamental contém o reconhecimento do "outro", a princípio, não como um "estranho", mas como um igual a "mim" ou a "nós" – seja um reconhecimento bem-sucedido e que conduza a uma reciprocidade de reconhecimento, seja um reconhecimento praticamente recusado, que conduza a um ferimento, experimentado de modo doloroso, do exigido respeito pelo outro.

Nesse prático conhecimento do outro como "igual a mim" articula-se uma noção que só pode ser negada a preço de uma autocontradição, que sempre menosprezamos, a saber: o outro pode agir livremente, portanto possui uma vontade livre, persegue intenções e é obrigado a decidir por esta ou aquela ação com razões. Essa noção moral foi formulada na "Fundamentação da Metafísica dos Costumes" de Kant como o princípio ético do reconhecimento do outro ser humano como "pessoa" assim como "fim em si", que possui dignidade e que nunca pode ser usado "meramente como meio". O conceito filosófico de ser humano como pessoa detém esse fundamental reconhecimento ético do outro como portador de uma "liberdade originária", e com isso minha "personalidade" e "liberdade", não são como propriedades ao lado de outras que os seres humanos podem adquirir e novamente perder, mas como sua constituição fundamental, que extraímos de nós mesmos como sujeitos da liberdade e que não devemos retirar de nenhum outro ser humano teórica ou praticamente.

Desse fundamento ético resultam pelo menos três princípios jurídico-teóricos que devem determinar o campo do agir político. Primeiro, o reconhecimento dos outros seres humanos não apenas como portadores de liberdade, mas, ao mesmo tempo, como portadores de direitos indisponíveis, pré-estatais. Segundo, a exigência, em nome da justiça política, de que relações jurídicas públicas devam ser constituídas entre todas aquelas pessoas que não podem fazer outra coisa em sua ação política senão constantemente interagir entre si. E terceiro, o postulado, em nome da justiça social, de que as comunidades políticas nas quais vivemos devem orientar-se positivamente pela exigência de um *bem comum*. O postulado da promoção de um bem comum vai, ao mesmo tempo, além das fronteiras das atuais comunidades políticas e inclui, ao menos negativamente, todas as outras pessoas, de tal modo que a estas não podem ser recusados certos bens fundamentais de que necessitam para sua própria vida.

Esses princípios ético-jurídicos decorrem do fundamento ético de um reconhecimento inevitável de todos os outros indivíduos humanos como portadores de liberdade prática, igualmente apresentados "para mim" e "para nós", portanto como "pessoas" detentoras de direitos fundamentais inalienáveis, pré-estatais. Sua função consiste justamente nisso: proteger cada ser humano do ataque do poder estatal ou do direito coercitivo. Ao mesmo tempo, esse direito distingue os seres humanos positivamente como autores de uma ordem jurídica cujos princípios de direito público exigem uma composição ou uma interação política. Com isso recorro ao princípio, fundado jurídica e racionalmente, do *Exeundum ex statu naturali*, introduzido por Kant na *Metafísica dos Costumes*. O "contrato", pensado aqui por Kant, entre os que agem politicamente uns com os outros, e isso significa a ordem jurídica política, parte em sua exigência da validade dos direitos fundamentais já reconhecidos pré-estatalmente. Direitos que nem são produzidos por um "contrato" originário, nem são eticamente construídos por um consenso dos interessados; devem, antes, ser reconhecidos por meio do contrato ou do consenso como intersubjetivamente válidos e já dados, pois "contrato" e "consenso" pressupõem aqueles direitos originários.

Uma leitura puramente teórica e contratualista dos direitos originários dos seres humanos, tal como é defendida na recente discussão de Hoerster e Kersting, corre facilmente o perigo de não ver esse contexto de fundamentação. Entretanto, também o discurso de Habermas da "origem igual" dos direitos fundamentais individuais e políticos não está livre de possíveis mal-entendidos. Certo na sua concepção é que os direitos fundamentais dos indivíduos só são formulados adequadamente quando tratados na forma de uma lei positiva, o que significa: quando são parte integrante e positiva da constituição de uma comunidade política. Pois apenas nessa disposição eles têm a completa forma de um direito produzido legislativamente. Mas também independente de seu caráter positivo no direito, e anteriormente a este, cabe-lhes um caráter obrigatório ético-jurídico, sobre o qual se funda o postulado da justiça política. De acordo com ele, devem ser criadas e mantidas relações jurídico-públicas que a princípio abram aos membros de uma comunidade política a participação nas decisões que digam respeito a todos. Enquanto o primeiro e o segundo princípio contêm a pressuposição a ser observada para o reconhecimento jurídico-ético "do outro" por meio de "nós", e de "nós" por meio dos "outros", o terceiro princípio – o do fundamento da *bonum commune* – formula o objetivo de que toda ação política aplica-se tanto dentro das comunidades estatais como além de suas fronteiras.

Os direitos de liberdade individual e os direitos de participação política pressupõem, deste modo, a instituição sempre necessária, mas não forçada, da felicidade dos seres humanos, que Kant identificou eticamente como "fim em si", felicidade esta que não lhes pode ser negada por nós. Como o "ser digno de felicidade" das outras pessoas não se limita àquelas com as quais nós, de acordo com o segundo princípio, compartilhamos de uma comunidade política, a exigência do princípio de justiça social não se limita ao espaço interior dos Estados individuais. Contudo, deve ser observado que os princípios da justiça social (portanto da justiça distributiva) no interior do Estado têm outras consequências além das que ultrapassam suas fronteiras. Enquanto para a própria comunidade política conta antes o papel normativo de um objetivo constitucional, isso pode, além do espaço interior da validade de leis estatais, assumir o caráter obrigatório jurídico-positivo apenas quando um sistema de direito mundial entra comparativamente ao lado do direito estatal.

Com isso esboço a perspectiva de uma *ordem jurídica cosmopolita*, que deve ser exigida a partir do desenvolvimento da política internacional em um tempo de globalização. Essa exigência vai nitidamente além da doutrina do direito de Kant, nos quadros da qual minhas reflexões até agora se moveram. Kant exige uma ordem jurídico-política formada basicamente por dois componentes: o "direito estatal" republicano e o "direito das Gentes" internacional. Uma reforma no interior dos Estados individuais deve por toda parte conduzir a uma constituição republicana dos Estados, e um tratado de paz global deve assegurar uma ordem pacífica entre os Estados. De maneira complementar,

Kant fala ainda de um "direito cosmopolita", que deve reger as relações dos indivíduos com outros Estados e limita-se a regulamentar o direito de visita dos seres humanos. Não há duvida de que Kant, com essas exigências, vai além das relações políticas do século XVIII e critica arduamente a carência de democracia, a falta de uma orientação pacífica vinculante e o colonialismo de seu tempo.

Mas a ramificação do sistema econômico, a interdependência da política e da economia, o desenvolvimento de tecnologias, de tráfegos e comunicações, e, particularmente, o cenário mundial das ameaças aos seres humanos e a seus direitos fundamentais por guerra, terror, destruição do meio ambiente ou empobrecimento – uma consequência de mecanismos mundiais de mercado, sobre os quais os atingidos não têm nenhuma influência –, conduzem-me à *exigência de que regras jurídicas globais, públicas e obrigatórias, devam ser introduzidas*. Sua tarefa consiste em assegurar jurídico-politicamente, e de modo efetivo, o postulado dos princípios jurídico-éticos também no campo da ação política internacional, profundamente modificado pelo processo de globalização. Com Otfried Höffe e outros, *deve haver estruturas legislativas, executivas e judicativas de política internacional, em vez da política de Estados orientada até agora apenas pela estratégia de poder, particularmente das nações industrializadas, que entre no lugar da ordem ético-jurídica provisória das Nações Unidas*. Para a realização de tal ordem político-jurídica mundial há a necessidade de mecanismos completamente novos de controle democrático e de cooperação entre os Estados, agentes não-estatais globais e indivíduos.

E cabe à ética filosófica não deixar o campo de formação de uma ordem cosmopolita futura aos representantes do mercado capitalista, dos governos nacionais ou de outros grupos, vinculados apenas aos seus interesses particulares.

As reflexões feitas até agora mostraram algo: que os *princípios ético-jurídicos* são deduzidos de um *fundamento ético* e são entendidos em seu núcleo como o resultado de uma aplicação dos fundamentos éticos à constituição especial da ação inter-humana no horizonte da inevitável socialização político-social. Isso aparece já nos *direitos humanos*, que se encontram em diversas formulações e catálogos desde sua primeira formulação no século XVIII. É certo que os direitos humanos podem ser deduzidos de princípios ético-jurídicos, e foram de fato deduzidos, de um ou de outro modo, na nova história da declaração dos direitos humanos, desde a "Virginia Bill of Rights" do ano de 1776 até hoje. Mas sua dedução está necessariamente também sob condições altamente específicas – históricas, culturais e outras. Os direitos humanos definidos nesses catálogos não contêm nada mais do que o respectivo estado de noções fundamentais político-morais de determinados grupos de pessoas, que consagram e articulam, primeiramente, a vontade de seus interesses altamente específicos. Também a curta formulação dos três princípios ético-jurídicos da Revolução Francesa – "liberté, egalité, fraternité" – não está livre da situação histórica na qual os três agentes aqui se encontram e, sem dúvida, não querem esgotar completamente o sentido de ação dos princípios. Esse processo, necessário de interpretação e aplicação dos princípios ético-jurídicos, não contradiz de modo algum a exigência reclamada pela filosofia de princípios de validade mundial. Essa exigência de validade dos princípios deve, contudo, ser relacionada pelos agentes com juízos apropriados às respectivas condições culturais e sociais.

2

Com estas reflexões, deparo-me já com a questão sobre como a relação desses três princípios jurídico-éticos à "moral do agente" e à "cultura política" pode ser compreendida mais de perto. Quero aqui distinguir duas perspectivas: primeiro, de acordo com a leitura deontológica e normativa dos princípios ético-jurídicos por mim sugerida, vinculo estes últimos à exigência de que a noção neles contida deva determinar a cultura política. Disso resultam, para as diversas esferas geográficas e culturais do mundo, diferentes consequências.

Para a Europa, por exemplo, decorre deles que uma ordem público-jurídica comum deva ser criada. Isso vale para todos aqueles Estados e às pessoas que neles vivem, que em sua ação política já estão tão conectados uns aos outros, e não podem mais atingir seus objetivos sem os outros Estados e corporações políticas. Por isso, é necessário uma constituição europeia que, diante das alteradas condições de ação política na Europa, assuma a segurança das três exigências ético-jurídicas de modo jurídico-constitucional: a segurança dos direitos fundamentais dos indivíduos diante das novas formas de dominação estatal e burocrático-administrativa, a extensão dos direitos de participação político-democráticos para o cidadão europeu também em âmbito europeu e a prescrição de direitos de segurança social para indivíduos e grupos além das atuais fronteiras nacionais. O ancoramento jurídico-constitucional dos chamados direitos fundamentais individuais, políticos e sociais será possível na Europa, mas não sem uma decisiva política de reforma dos órgãos da União Europeia, até uma federação democrática europeia. No entanto, enquanto tarefas decisivas da política são administradas cada vez menos nos quadros de uma nova "estaticidade continental" europeia, devem também entrar, ao lado dos atuais níveis políticos, estruturas de um direito cosmopolita público e de um legislativo, executivo e judiciário global e democraticamente controlado, com tarefas precisamente definidas. Essa exigência visa a uma reforma eficaz das instituições políticas mundiais até hoje vigentes, particularmente das Nações Unidas, no sentido do requerido direito público cosmopolita.

Mas as questões aqui formuladas sobre a relação entre "ética" e "política" ou "cultura" também devem ser vistas sob outra perspectiva, a saber, sob as perspectivas da cultura e do agir. Os princípios ético-jurídicos já mencionados relacionam-se a noções que resultam de uma *experiência moral possível apenas no agir e de sua reflexão ética sobre as condições de sua validade*. Essa noção ética fundamental, tal é minha tese, é, a princípio, acessível a todas as culturas e civilizações.

Na história particular da civilização europeia, sua explícita formulação resultou da intermediação específica da herança espiritual da Antiguidade clássica com as noções da tradição bíblica e de seu discurso sobre Deus, assim como sobre a liberdade, o caráter insubstituível e a dignidade do ser humano como "criação", "semelhança" e "parceiro de Deus". Dessa intermediação resultou primeiro a noção ética de não tratar as outras pessoas nem como coisas nem como entes fundamentalmente estranhos, isto é, como "inimigos", mas sim como seres livres e iguais, que devem ser respeitados independentemente de sua origem social e étnica, seu sexo, sua capacidade e suas qualidades. É a recepção moral universal desse fundamento a responsável pelos princípios ético-jurídicos da doutrina da "lex naturalis" de Tomás de Aquino (desde a filosofia antiga, a partir de sua tradução e comentário árabes). Daqui segue na história do Iluminismo europeu um caminho direto para as ideias do Direito natural moderno, da soberania popular, da democracia política e dos direitos humanos.

Esse contexto de descoberta historicamente comprovável dos três princípios ético-jurídicos, para cuja curta introdução eu apoiei-me em Aristóteles, Tomás de Aquino e Kant, não deve, contudo, ser lido em um contexto exclusivo de fundamentação, que provém de uma cultura fechada em si. Na sua base encontram-se antes convicções culturais decisivas e novas interpretações espirituais. *O conteúdo dos princípios aqui conceitualmente formulados, contudo, é – analogamente a outras noções, como as da ciências, da arte ou da religião – universal, ao menos no sentido de que pode ser traduzido em todas as culturas por nós conhecidas e, em essência, também pode ser identificado nelas.* Mas para concebê-lo reflexivamente, isto é, para poder descobrir a noção fundamental de dignidade dos outros seres humanos como pessoas, *é necessário uma práxis moral anterior e um mundo da vida cultural que permita fazer explicitamente a experiência moral do "bem" e do "mal"*, e que essa experiência possa ser transmitida. Por isso deve-se apoiar em uma ordem de política, de formas de vida e de tradições nas quais os seres humanos estejam em condições de permanentemente chegar a estas noções moralmente básicas, em sua práxis comunicativa com outros. *Um mundo da vida determinado por grande pobreza, massiva violência, guerra, submissão, constante humilhação ou efetiva perseguição estatal provavelmente não está apto a intermediar as necessárias noções fundamentais morais às gerações mais jovens.*

Mas também uma economia que se torna totalitária, que penetra em todos os campos da vida e determina todos os modelos do agir social, dificilmente pode ser apropriada a desenvolver noções constitutivas para um mundo da vida bem-sucedido de seres humanos e para uma ordem fundamental político-jurídica.

Finalmente, o desprezo liberal da moral, seja – como no caso do liberalismo político – a favor do direito, seja – como no caso do liberalismo econômico – a favor do mercado, é por isso contraprodutivo e conduz, a longo prazo, à erosão do Estado de direito e da responsabilidade social.

3

O que decorre, pergunto agora conclusivamente, desta argumentação para a situação internacional que mencionei no início?

Diferentemente de Huntington, Hegel ou Carl Schmitt, a argumentação, esboçada aqui por mim de uma fundamentação jurídico-racional da política, parte da possibilidade de, por meio da ação política, abolir efetivamente a guerra entre os Estados, como também o estado de guerra entre indivíduos, grupos e instituições. O meio que Kant, como se sabe, oferece para isso, é um direito público proveniente do conceito de uma vontade comum e de uma razão prática dos seres humanos. Na medida em que as noções fundamentais de liberdade e igualdade do outro como pessoa e dos princípios ético-jurídicos delas decorrentes podem ser universalmente fundados, e portanto tornados plausíveis em todas as culturas, determinando o agir moral e político das pessoas, então é concebível que os sistemas jurídicos públicos também sejam globalmente constituídos, que tenham a tarefa de fundar, em diferentes níveis, a "paz pelo direito". *A universalidade da fundamentação dos princípios corresponde à globalidade com a qual eles devem e podem determinar o campo de ação da política.*

A efetividade prática desses princípios não decorre de seu reconhecimento, como a nova história da Europa e as histórias do colonialismo e do imperialismo mostram. A tese, defendida por Kant e seus seguidores, de uma "validade necessária" dos princípios supremos da visão moral, não deve mais nos conduzir a confundi-la com sua observação real na práxis política dos participantes. Por isso, é necessário uma práxis orientada, moral e juridicamente, pelos princípios ético-jurídicos. Ela, contudo, não pode ser bem-sucedida se não houver a contribuição de tradições morais, virtudes éticas e instituições sociais. Acrescente-se a isso que há sempre desafios radicalmente novos a vencer. Entre eles conta-se os desenvolvimentos decorrentes do dia 11 de setembro de 2001. A tentativa da Otan e, particularmente do governo dos Estados Unidos, de dar uma resposta política, econômica, de serviço secreto e também militar aos desafios do terrorismo não é certamente uma entrada numa guerra no sentido de Huntington, Hegel ou Carl Schmitt. Não estou certo se a nova situação da política internacional pode adequadamente ser descrita como "guerra". Se "paz", segundo Kant, significa, além de uma ação de acordo com princípios e estruturas políticas de direito público legítimo, mas também o fundamento da aplicação da violência, então as medidas politico-juridicamente motivadas dos Estados da Otan não podem *a priori* ser qualificados como "belicosos". Como no caso da intervenção anterior em Kosovo, as opiniões dos internacionalistas divergem sobre questões de legitimidade e ilegitimidade, sobre a conveniência das determinações de acordo com a Carta da ONU e sobre o caráter obrigatório (*ius cogens*) dos assim chamados deveres *erga omnes* (que diz respeito a todos). Contudo, todas as "intervenções" e "medidas" ética e juridicamente fundadas, decididas dentro da atual ordem política mundial, possuem no máximo um caráter jurídico provisório. Nesta situação, parece ser necessário, e de modo urgente, deduzir, tanto do ponto de vista político como do jurídico, as estruturas de um direito cosmopolita público, assim como os procedimentos de um controle democrático da política mundial. É este caminho que as Nações Unidas já começaram a trilhar, com sua decisão de instituir um tribunal penal internacional permanente.

Este caminho deve – no sentido da ilimitada validade mundial dos princípios ético-jurídicos – ser levado adiante, consequentemente. Ao lado das instituições já existentes ou planejadas de *jurisdição* mundial, devem ser introduzidos órgãos de *execução* global e procedimentos de um controle público-democrático de organizações atuantes internacionalmente. Apenas por meio da continuação do desenvolvimento de estruturas públicas de direito mundial podem ser resolvidos, a longo prazo, os problemas mais urgentes diante dos quais se encontra hoje a política internacional em consequência das globalizações econômica e técnica: a segurança da paz (no sentido de Kant), a produção de uma justiça ao mesmo tempo política e social e a "preservação da criação".

Tradução: Soraya Nour

ÉTICA, AÇÃO POLÍTICA E CONFLITOS
NA MODERNIDADE
Renato Janine Ribeiro

A modernidade começa com uma desilusão, quando se percebe que do bem não decorre o bem. Maquiavel faz essa terrível constatação – aquilo que, no plano privado ou pessoal ou religioso[1], é bom e merece elogios, pode redundar em catástrofe no campo da política. Alguns dizem que, com isso, o pensador italiano terá separado a política e a ética, proclamando a primeira como imoral ou pelo menos amoral. Não é verdade. Maquiavel mostra-se exigente com o seu príncipe, ou seja, com aquele que governa os demais homens: nada mais errado do que imaginar as regras, que presidem a sua ação, como efetuando uma desqualificação

---

1. É óbvio que esses adjetivos não são sinônimos. Mas, para o que nos interessa, estão bastante próximos, sendo sua diferença sobretudo de *ênfase*: no caráter religioso (e portanto algo altruísta) ou pessoal (e quem sabe egoísta) da boa conduta.

daquela que seria a verdadeira ética, ou seja, a pessoal ou religiosa. Ninguém compreenderá nada de Maquiavel, ou da política moderna, se não tiver isso bem em mente. Podemos, isso sim, falar em *duas* éticas, como faz Max Weber, nisso claramente tributário do florentino.

O pensador escreve, o político assina. Os próprios intelectuais têm consciência disso, quando se cansam de apenas especular e procuram um príncipe – um tirano de Siracusa no caso de Platão, um rei da Prússia para Voltaire, uma czarina da Rússia para Diderot – que converta em carne o seu verbo. A essa busca geralmente segue-se uma decepção, mas nem por isso deixa, quem filosofa sobre a ação, de procurar aquele que transforme em prática a sua teoria.

Resumindo, a *ética de princípios*, que pode ser a do indivíduo privado, é a mais próxima de uma ética tradicional. Não se deve, porém, confundi-la com esta última, já que a tradição consiste em seguir acriticamente uma lista de mandamentos, um gabarito do que é certo ou errado – enquanto uma ética de princípios, ou valores, supõe que estes tenham sido meditados, ponderados, refletidos, antes de um sujeito incorporá-los e assumi-los como seus. Mesmo assim, essa ética está perto da tradição na medida em que atribui aos valores uma vigência forte, ou até um caráter absoluto. Não os considera valores apenas porque valem, isto é, porque foram instituídos por um sujeito ao avaliar o mundo e suas circunstâncias. Esta última visão, que, simplificando, seria a introduzida por Nietzsche, soa geralmente fraca aos olhos de quem defende ou pratica uma ética de princípios. Com efeito, derivar estes últimos dos interesses, vontade, desejos ou mesmo da consciência dos homens reduz-lhes o caráter normativo.

Já a *ética da responsabilidade* é aquela que se aplica na política ou, melhor dizendo, é aquela que vale sobretudo para quem *age politicamente* (agir politicamente, isto é, levando em conta as relações de poder, pensando na construção do futuro ou pode-se agir também *fora* da esfera usual da política: posso agir politicamente na minha vida pessoal, por exemplo). Essa ética é muito mal compreendida pelo grande público. O maior erro a seu respeito consiste em entendê-la como uma não ética. Na política, tudo seria válido, já que validado pelos resultados. Mas não é assim que funciona esse tipo de ética.

Essencialmente, trata-se de uma ética da *ação* política, mais que da *instituição* política. Está assim mais perto de Maquiavel do que de Mandeville. O pensador florentino vê o mundo como plástico, em constante mutação. Enxerga-o do ângulo do indivíduo criativo (e aqui Burckhardt o captou muito bem ao vincular a Renascença à figura do *condottiere*, do guerreiro quase sem princípios que plasma o seu mundo). Já o anglo-holandês, autor da *Fábula das Abelhas*, confere menor importância ao agir, e maior ao modo pelo qual este se desvia em instituições. Vou tomar um exemplo no *Príncipe* para esclarecer esse ponto.

Muito se discute quem seria o "herói" do *Príncipe*. Geralmente, essa glória é atribuída a César Borgia, que teria impressionado tanto a Maquiavel que o livro seria quase que uma reflexão sobre seu modo de proceder. Em vários pontos o filho do papa Alexandre VI corresponde ao que lemos no *Príncipe*. É um príncipe novo, que não tem em favor de seu poder a longa duração, e, por conseguinte, a opinião de legitimidade que seus súditos tributariam a uma dinastia consolidada no trono. Alçou-se ao poder sobretudo pelas armas alheias, no caso, as que o pai papa conseguiu, por negociações as mais diversas, estimular.

Portanto, César Borgia não tem em seu proveito nem aquele princípio de inércia que leva os súditos a acatar um rei bastante ruim ou ineficaz, mas cuja dinastia vem desde tempos imemoriais, nem o fato, tão celebrado por Burckhardt, de ser um *condottiere* que por seu vigor próprio conquistaria sucessivas vitórias. Em vez disso, deve ele suas aquisições *à política*. Não detém legitimidade, como pediria a tradição, *nem força*, como entenderia uma leitura apressada do *Príncipe*, segundo a qual da força se seguiria o direito. Pois o *condottiere* burckhardtiano – um Sforza, um

Visconti – consegue poder pela força; já o que é notável em César Borgia é ele adquiri-lo pelo bom uso *político* da força, da própria, mas sobretudo da *alheia*. A política assim não é o uso da força, mas sim o uso da força *alheia*.

O problema que se colocava para César Borgia era como assegurar – tão logo morresse seu pai, o papa, e assim se estancasse a fonte de seu poder – a consolidação deste último. Isso significa um *segundo* sentido de política, além do que acima mencionei (canalizar bem as forças alheias, mediante alianças e atos de impacto): garantir a permanência de um poder *no tempo futuro*. A política tem a ver com a construção do tempo. Nenhum político, portanto, pode agir apenas considerando o que é certo ou errado segundo os princípios; ele precisa levar em conta a duração, a continuidade do que faz – numa palavra, os efeitos ou resultados de seus atos.

Ora, não é esse o mesmo modo pelo qual Mandeville abre o mundo moderno (assim como se fala, em xadrez, de tal ou qual "abertura", diríamos que existem, nesta partida que é a modernidade, uma abertura Maquiavel e uma abertura Mandeville). O italiano enfatiza ações que procuram produzir determinados fins. Se não os produzem, isso se chama fracasso. César Borgia assim fracassou. Nem por isso será ele menos digno de nossa admiração – sempre segundo Maquiavel. César Borgia bateu-se e fez o que pôde (ou quase). De todo modo, a medida da ação está na *produção direta* de seu resultado.

Já Mandeville se interessa por outra coisa. O seu ponto é: como ações que visam a um fim não político, mas privado, econômico, interesseiro, egoísta[2], podem ser canalizadas de modo a produzir indiretamente fins que, do ponto de vista social, sejam positivos? Por isso, seu problema é o da *canalização*, isto é, o das instituições que desviam o rumo consciente dos atos.

Mandeville assim pretende exatamente o contrário de Maquiavel. Para este último, o importante era preservar o

---

2. O que não significa que a ação política seja desinteressada, altruísta.

sentido das ações. Bom seria que as ações de César Borgia, orientadas para a conservação de seu poder, dessem certo. Já para Mandeville, o importante é *desviar* o sentido dos atos. Bom será que o egoísmo e a ganância de cada indivíduo resultem *em outra coisa*, em livre concorrência, em progresso econômico.

O ponto de vista do indivíduo, e de sua ação, é o óculo ideal de Maquiavel (evidentemente, o do indivíduo *chefe*, líder, estadista ou pelo menos conquistador). Para Mandeville, porém, é fundamental desfocar esse ponto de vista, sequestrar, de seus autores, os atos. Por isso, enfim, o resultado dos atos fica, para Maquiavel, *aquém* deles, raras vezes lhes emulando o alcance político – ao passo que, em Mandeville, o resultado vai *além* do ato, conferindo-lhe uma dimensão bem maior do que poderiam ter.

Essas diferenças entre os dois grandes mestres do xadrez político obedecem a uma diferença anterior e fundamental. Para Maquiavel, a ação e seu resultado compartilham um sentido *político*. César Borgia agindo, e o resultado histórico de suas ações, das de seus contemporâneos e ainda das da *fortuna*, são, tudo, política. Já para Mandeville, a ação e seu resultado diferem radicalmente quanto ao sentido. A seu ver, nem a ação individual nem seu fruto histórico são políticos. Ocorre nele um *esvaziamento* significativo *do teor político da vida* (e é a *onipresença* do político em Maquiavel que permite uma leitura recente, que enfatiza seus vínculos com o humanismo cívico).

Em Mandeville, a ação é radicalmente privada. Não é privada apenas porque se dá no recesso do lar, no íntimo da consciência, no cerne do coração; o é porque somente busca interesses pessoais, agressivos em relação aos outros. É privada até na valoração má e negativa do termo. Evidentemente, o autor *não* quer com isso afirmar que o homem *seja* mau. Tomar o privado enquanto mau é um recurso argumentativo muito inteligente, o qual, para Mandeville, implica o seguinte: se o que afirmo vale até para o pior, até para o mau em estado puro, valerá muito mais para quem é neutro eticamente ou mesmo bom[3]. De todo modo, ainda que a ação seja privada e egoísta, seu resultado é social.

Dos dois grandes exemplos de Mandeville, um reza que da ganância de cada um decorre a concorrência capitalista, o outro que da prostituição no porto de Amsterdã segue-se o respeito à virtude das matronas e donzelas[4]. Nos dois casos, não só o móvel da ação individual (busca desenfreada do ganho econômico, desejo sexual do marinheiro, desejo de ganho ou indecência das prostitutas) não é político, mas também o resultado é social *e não político*. O esvaziamento do político significa, aqui, que a sociedade passa a ser pensada em termos, digamos, próprios, de seu funcionamento, e não mais como fruto de uma ação plasmadora do mundo. A sociedade é despolitizada nas suas causas e nos seus efeitos.

Maquiavel teria dificuldade em aceitar esses termos. Para ele, a construção da casa comum dos homens passava por uma ação que lhe imprimisse uma forma. Era essa ação o que mais lhe importava. Aqui, porém, a construção prescinde dos atores ou das ações – melhor dizendo, não prescinde deles, mas se faz mediante um desvio significativo em face da consciência ou do anseio que os levasse a agir.

Ora, o importante para Mandeville é justamente esse desvio. O decisivo, para ele, é *estabelecer* claramente tal desvio. "Vícios privados, benefícios públicos" assim significa que o ponto de vista do indivíduo, ou de sua consciência, torna-se insuficiente para se entender o funcionamento do social. Além disso, e de forma nada acessória, por essa via *o social substitui o político* – e um social no qual a economia desempenha papel fundamental.

---

3. Esse modo de argumentar aparece já no rei Jaime I da Inglaterra, quando mostra como mesmo o mau rei detém um direito divino: se a legitimidade cabe até para o tirano, o monarca que não segue o bem, quanto não valerá para os bons reis? Cf. meu *Ao Leitor sem Medo – Hobbes Escrevendo contra o Seu Tempo*, 2. ed., Belo Horizonte: Editora UFMG, 1999, cap. V, esp. p. 147-149.
4. Mandeville, *The Fable of the Bees*, respectivamente notas G e H – na edição da Penguin, que é a que utilizamos, p. 118-130.

Dessas duas distintas aberturas, decorrem duas maneiras bastante diferentes de jogar a política. Se abrirmos com Mandeville, estaremos considerando a vida social como barata, e nos contentaremos com o papel de indivíduos procurando seu bem pessoal, e produzindo a vida social como que por acaso (evidentemente, toda a genialidade desse jogo está em fazer passar por acaso aquilo que não o é; em construir uma teia de relações que produza o social *enquanto* almejamos o particular).

Se abrirmos, porém, com Maquiavel, estaremos considerando o social como resultante do político. Reabilitaremos a ação política, seja esta a do estadista, seja a do opositor. *O governante e o rebelde compartilham essa ética*: veja-se por exemplo o que diz Julien Sorel, numa passagem d'*O Vermelho e o Negro*, de Stendhal, em que ele exalta o líder político que talvez tenha sido quem mais, ou melhor, mesclou os papéis de chefe revolucionário e de dirigente no governo:

> – Danton fez bem em roubar? – perguntou-lhe ele bruscamente [isto é, perguntou Julien Sorel a Mathilde de la Mole], e com um ar cada vez mais feroz. – Os revolucionários do Piemonte, da Espanha, deviam comprometer o povo com crimes? Dar a pessoas, mesmo sem mérito todos os postos do Exército, todas as cruzes? As pessoas que tivessem essas cruzes não temeriam a volta do rei? Dever-se-ia saquear o tesouro de Turim? Numa palavra, senhorita – disse, aproximando-se dela com um ar terrível –, o homem que quiser expulsar da terra a ignorância e o crime deve passar como a tempestade e espalhar o mal ao acaso?[5]

Basta essa passagem – que, observemos sem nos determos, no romance exerce o decisivo papel de consumar o enamoramento de Mathilde por Julien, ao perceber ela que lida com um homem superior, cujos devaneios não se limitam aos da vida privada, mas se alçam a questões das mais

---

5. Parte II, cap. 9, p. 287-288 da editora. Abril, 1971, na tradução de De Sousa e Casemiro Fernandes; p. 228 do original francês, na editora L'intégrale.

relevantes para a época –, basta essa passagem para mostrar que a ética da responsabilidade não é apenas a do governante. É também a do rebelde, seja ele Danton, seja Julien Sorel. É a de todo aquele que vê o social como podendo e/ou devendo ser plasmado por uma ação criadora – e pouco importa se esta é a do indivíduo ou a do grupo. *A essa ação que cria o social, cabe chamar de ação política.*

É política assim a ação que assume como seu o ponto de vista da criação, que pretende moldar, criar, o social. Há política quando nos fazemos sujeitos de uma realidade, isto é, quando não a tomamos por dada, ou por independente da ação humana, mas a concebemos como resultando dessa ação – e, melhor ainda, nos propomos a agir, moldando o mundo. Para se definir a ação como política, não tem mais valor falar *ex parte principi*, falar do lugar do príncipe nem do revolucionário, que contesta aquele a fim de lhe ocupar a posição. *O que importa é, pois, uma atitude criativa, de quem se torna sujeito de sua vida, e não mais o lugar: a postura, e não a posição, eis o que conta.* Sai-se de uma ideia de poder delineada a partir de um espaço, de um território, mais ou menos estáticos, e passa-se a uma política que tem mais a ver é com uma atitude, com um enfoque, com o rumo de uma ação.

Ou ainda, se quisermos: *poder* é substantivo, mas também verbo. Quando falamos em tomar ou conquistar o poder, acentuamos, no substantivo, seu lado de coisa: o poder está aí, parado, tangível, e dele lançamos mão. Mas, se quisermos dele ter uma nova ideia, como é possível nas línguas latinas, em que *poder, pouvoir* e *potere* têm esse duplo papel gramatical, enfatizaremos seu lado de verbo. Poder não é mais um dado, não o apreendem mais os sentidos: ele é uma possibilidade, voltada para o futuro, de ir-se além do que se é ou se está. Eis o seu sentido de criação. Voltaremos a isso.

Retornando ao tema das duas aberturas: se começamos pelo lance Mandeville, reduzimos o alcance da liberdade e da criação humanas, e pensamos um social que funciona quase por conta própria. O que conta é seu mecanismo. Seu modelo é a mão invisível de Adam Smith, é o mercado. Já se abrimos com Maquiavel, damos ênfase à ação livre e criadora. Seu modelo é o indivíduo enquanto criativo, podendo ser o político – em sua melhor acepção –, mas também qualquer um que pretenda escapar a moldes ou modelos. Daí que seja inevitável, entre essas duas formas de abrir a modernidade, um forte conflito.

É possível que seja esse o conflito, ora larvar ora manifesto, mas sempre existente entre o que, em países de Terceiro Mundo, chamamos de políticos e de área econômica de um governo. Os *políticos* se pautam por algum tipo de ação criadora, e procuram eliminar os condicionamentos – que todos sofremos – em nome de uma *liberdade*, que teriam eles ou teríamos nós, para criar o social. Já os dirigentes da *economia* falam, sobretudo, de *necessidade*. Seu discurso é o dos condicionantes, que são anônimos, como um processo. Daí, provavelmente, que nossa vida social seja cara, e que o nosso social seja empobrecido, como argumentei em *A Sociedade contra o Social – O Alto Custo da Vida Pública no Brasil*[6]. Os condicionamentos são tão pesados, constituem um fardo com o qual é tão difícil lidar, que oscilamos entre a subserviência diante deles – o que caracteriza aqueles que lidam com a "dura realidade" dos economistas – e uma exaltação quase libertária, mas cuja condição básica é, mais que contestá-los, desconsiderá-los. Por isso vivemos oscilando entre o determinismo irrestrito de quem profere a economia, e a irresponsabilidade de quem faz política.

Daí, enfim, que a liberdade e a responsabilidade não façam, entre nós, conexão; que tenhamos enorme dificuldade em pensar a economia politicamente, a ponto de esquecermos o nome mesmo de uma disciplina, que é economia *política*; que o voluntarismo ronde a política, até mesmo a dos governantes que se dizem responsáveis, mas são capazes de promover qualquer tipo de populismo, até o neoliberal. O problema, em suma, é a dificuldade em promover um xadrez político no qual coexistam as duas formas de jogar.

---

6. São Paulo: Companhia das Letras, 2000.

Falar em duas éticas exige passar por aquela que assume a perspectiva do poder: a da responsabilidade. Deixamos de lado a equação Mandeville, que não é ética, para contrastar a abertura Maquiavel, que apesar da má fama é uma ética – da responsabilidade – com a ética de princípios. (Ou, dizendo com toda a clareza, aqui lidamos com *três* modos de pensar a ação: a abertura Mandeville, que não é ética; a abertura Maquiavel, que exprime uma ética pouco compreendida, a da responsabilidade; e a ética de princípios ou valores).

Há enorme dificuldade, na cultura brasileira, em compreender – ou em aceitar – uma ética da responsabilidade. Essa reticência pode ser examinada em dois níveis. Num primeiro plano, mais imediato, nota-se como é forte a ideia de que a ética só pode ser a de princípios ou valores. Termos como "de resultados", aplicados ao sindicalismo, à universidade ou à ética, adquirem rapidamente conotação negativa, pelo menos junto aos setores de esquerda, que em nosso país geralmente constituem a oposição.

Tal reticência, porém, traduz – num nível mais profundo – um problema muito sério: a incapacidade de entender a ação *política*. Esta passa a ser entendida como imoral ou amoral. Ora, existe uma ética da política – e não num sentido apenas descritivo, como se diz que há uma ética dos criminosos, entendida como simples conjunto de regras. A ética da política é a da responsabilidade. Por isso não se pode governá-la pelos princípios, ou pela intenção íntima. Não se pode regê-la por princípios, não porque o político não os tenha, mas simplesmente porque eles não lhe apontam o rumo a tomar. Não resolvem seus dilemas. Poderíamos sentir-nos tentados a dizer que a ética de princípios soma as condições necessárias, mas não suficientes, para a escolha política: o agente deveria respeitar certas regras morais, porém sabendo que elas não lhe mostram um rumo que possa ter sucesso. A coisa é mais difícil, contudo, e por isso não basta esse compromisso bem-pensante, conciliador, entre política e ética de princípios.

E isso porque, até com frequência, a ética do político é *mais exigente* que a de princípios. Por duas razões: primeira, ela exige invenção e corre riscos maiores do que a simples aplicação de um metro já existente. A segunda está na célebre frase de Júlio César, sobre o suposto adultério praticado por sua esposa, Pompeia: "À mulher de César não basta ser honesta, precisa parecer honesta"[7]. Ao leitor habituado a considerar que a ética do político, por lidar com as aparências, efetua um desconto das exigências impostas pela ética "verdadeira", que seria a da ação individual regida por princípios, essa frase causa desconcerto. Ele compreenderia melhor algo como "não basta parecer honesto, é preciso ser honesto": a aparência é *menos* que a essência. Simular é menos do que ser. Qualquer um encena a honestidade, poucos, realmente, a praticam. Assim, treinados por séculos de elogio à intenção e de primazia de uma moral que nela se concentra, entendemos a oposição entre ser e parecer.

Contudo, não é assim que Plutarco cita a frase. Na versão usual, o "não basta" é muito claro e indica que *parecer* está além de *ser*. Parecer é mais que ser. O significado imediato da frase é que não bastava a mulher de César nada ter com o moço que a cortejava, e que desejando seduzi-la chegou a disfarçar-se de mulher para dela se aproximar, numa festa sagrada, mas com o infeliz resultado de ser surpreendido por uma mulher de verdade, e de vir a público o escândalo de seus atos; era preciso que, além de ela ser inocente, nenhum rumor público lhe maculasse o nome. O episódio é banal. Mas o curioso é ser expresso numa frase lapidar que deixa claríssimo que a aparência constitui uma exigência *adicional*.

Aqui está uma síntese possível do que é a lógica da responsabilidade: o político, lidando com aparências – e portanto com um mundo perigosíssimo, no qual nada é garantido, no qual tudo pode ruir –, responde também por elas. Enquanto no plano apenas ético o homem privado só

---

7. Plutarco, "Julio César", em *Vidas Paralelas*, cap. x.

arca com as consequências de seus atos livremente decididos, no plano político o homem que age politicamente tem de administrar também sua aparência. Aquele que não o faz não pode invocar suas boas intenções, para legitimar seus atos. Exemplos disso há sem conta, mas a lógica é sempre essa: a responsabilidade pelas consequências pode ser *mais* que a obediência a um princípio. Há um erro sério em conceber a ética do estadista como sendo facilitada. Ela pode ter um elemento trágico até acentuado, do qual adiante trataremos.

O fato é que, para princípios terem eficácia, para regerem uma ética, precisa existir um quadro institucional que os torne eficazes[8]. Assim acontece quando respeito o sinal vermelho: sei que aumentam as chances de passar vivo e ileso pelo cruzamento se aguardar o verde, e que posso me prejudicar não o fazendo. Nossa vida em sociedade é uma enorme metáfora das regras de trânsito. Dize-me como trafegas, dir-te-ei quem és, quase nos sentiríamos tentados a assim atualizar a observação bíblica.

Ora, a condição de quem age na política é justamente a de quem formula as leis ou as regras, de quem elabora o quadro institucional, mas não a de quem nele está enquadrado. Com isso, o político não se beneficia dessa causalidade barata, que nos permite a cada instante medir o que a lei manda e o que ela pune, e seguindo-a ter maiores oportunidades de sucesso do que violando-a. O político, e sobretudo o estadista, não sabe em que dará sua escolha. Por mais que a medite, por mais que programe seu êxito e tente circundar-lhe as condições, tudo pode dar errado (pode sempre ser vítima da fortuna, diria Maquiavel...). O desastre e a catástrofe rondam-no, justamente porque não tem quadro institucional a garanti-lo, porque não dispõe dessa pequena tabuada medíocre pela qual, a cada momento, medimos nós – melhor que o político, porque lidamos com

---

8. Nesse ponto, como em outros, Hobbes teve razão. Seu Estado constitui esse quadro, no interior do qual obedecer às leis é uma estratégia bastante eficaz de sobrevivência e até de sucesso.

menos variáveis e dependemos menos da profusão de aparências – os efeitos probabilíssimos de nossas ações.

Foi Maquiavel quem primeiro ou melhor formulou que, se consideramos os atos humanos enquanto geradores de futuro, a condição do homem comum, sem responsabilidades de poder, é mais vantajosa que a do político: ele tem maiores condições de antever os resultados de seus atos. (Hobbes dirá, em *Do Cidadão*, que o indivíduo que leva uma vida retraída jamais incorrerá na cólera do príncipe: mesmo quando este é mau, pode o homem discreto precaver-se de sua fúria)[9]. Já o príncipe, justamente por ter poder, paradoxalmente é menos poderoso sobre o futuro (é verdade que seu futuro é o da criação de novas ordens, não o da mera repetição do que existe, que é o caso do homem comum).

Com isso, os atos de quem tem responsabilidade exprimem a equação moderna, na qual a boa intenção gera o horror, a má intenção o bem social. Não porque os homens sejam maus por natureza; ao contrário, é justamente quando se suspende o curso espontâneo da natureza, e instaura-se a ordem social produzida pelos humanos, que a boa intenção passa a gerar o bem, e a má, o mal. É no interior do Estado que nasce a causalidade (medíocre, mas boa) que do bem leva ao bem, do mal ao mal. Fora do Estado, acima das leis, na decisão política, tudo se torna incerto. O mundo feito pelos homens institui ordem e moral. Mas o ato de instituir esse mundo precede as regras e, por isso, não pode medir-se por elas.

E por isso não entender a ética da responsabilidade implica não entender o que é a ação política – não ser capaz, por exemplo, de colocar-se no lugar do estadista. Esta, a crítica que cabe dirigir àqueles que contestam pelo viés da moral a política que hoje vivemos. Contudo, há entre nós, sobretudo da parte dos intelectuais que simpatizam com o Poder ou que

---

9. *Do Cidadão,* parte II, cap. X, parágrafo 7, p. 184-185.

nele estão, também um sério mal-entendido sobre a ética da responsabilidade. De tal equívoco, convém agora tratar.

A oposição e a esquerda têm criticado a ética da ação política tomando o ponto de vista de quem está *fora* do Poder, valendo-se essencialmente dos registros morais (isto é, de uma ética de princípios, cuja força junto às consciências – mas debilidade em termos de prática – reside justamente em situar-se na esfera quase da eternidade), e por isso nem sequer reconhecem a existência dessa segunda ética, a de Maquiavel, a de Weber. Já os intelectuais que se tornaram orgânicos do Poder brasileiro reivindicam essa herança, em especial a do sociólogo alemão, que é importante referência da ciência social recente. Em outras palavras, os primeiros afirmam que ética só existe uma, ao passo que os segundos reconhecem haver duas éticas, a da vida privada, a da vida pública. Têm razão neste ponto, embora se enganem quanto às fronteiras entre ambas. Contudo, já há aqui, de sua parte, um erro sério. É que, enquanto a oposição erra ao não reconhecer uma ética da responsabilidade – e com isso limita sua capacidade de *ação* política –, a parcela intelectual do Poder comete o erro simétrico de converter essa ética política no que se poderia chamar uma ética da *irresponsabilidade*. Vejamos.

Talvez o maior equívoco que se cometa sobre a ética da ação política consista em pensá-la pelo *avesso* da ética da vida privada. Isso implica imaginar que ela seja uma ética *light*, facilitada, com cinquenta ou sessenta por cento de desconto. A política seria o campo da impunidade. Ora, já pela frase sobre a mulher de César, percebe-se que a ética do estadista é *exigente*, e com frequência muito mais que a ética privada.

Examinemos algumas características da ética que procuramos praticar em nossa vida cotidiana. Primeiro, nela seguimos valores, senão fixos, pelo menos firmes, e que por isso mesmo simulam uma fixidez, um quase-absoluto. (Por isso, é que cabe dizê-la uma ética de valores, ou de princípios). Os dez mandamentos da Igreja, a moral instilada pelos pais – ou sobretudo pela mãe –, a educação ministrada na escola, funcionam como referenciais que, pelo menos tradicionalmente, eram pouco contestados.

Segundo, nela a *intenção* conta muitas vezes mais do que o resultado efetivo da ação. Este traço varia na razão direta da *intimidade* que tenho com as pessoas com quem lido. Quanto mais próximo de mim o meu próximo, mais importará para ele a intenção de meu ato, e menos o real efeito prático, externo, visível, da ação. Para minha mulher, contará mais *por que* lhe dou flores, do que o tipo de flores que recebeu. Já para uma mulher que não me ame, o presente que eu lhe dê poderá importar mais do que o sentimento que me animou a dá-lo. E a um estranho, a quem prometi uma coisa que não pude cumprir, importará bem mais meu deslize do que a razão, séria que seja, que me impediu de satisfazê-lo.

Terceiro e último, na ética de princípios o fracasso *não* é fracasso. Nela, muitas vezes, para usar um ditado francês, "qui perd gagne". Mesmo numa sociedade cada vez mais marcada pelo dinheiro, respeita-se quem abriu mão do sucesso a todo custo em função de algum valor relevante. Pode ser o respeito nostálgico de quem *não* agirá jamais com a mesma dignidade, mas de qualquer forma é um respeito – mais ou menos como a admiração compensatória que nós, modernos, cidadãos *downsized*, sentimos pela pólis grega, pela ágora ateniense. Fracassei de ponta a ponta, minha ação foi um desastre, perdi tudo – mas conservei algo precioso, íntimo, relevante. Como diz Mário Faustino, no poema que serviu de epígrafe ao filme de uma derrota – *Terra em Transe*, de Glauber Rocha:

> Não conseguiu firmar o nobre pacto
> Entre o cosmos sangrento e a alma pura (…)
> Gladiador defunto, mas intacto
> (Tanta violência, mas tanta ternura)[10].

---

10. "Balada (Em Memória de um Poeta Suicida)", *Os Melhores Poemas de Mário Faustino*, São Paulo: Global, 2000, p. 123.

Talvez esteja nestes dois últimos traços o cerne da ética que *não* é da responsabilidade. Porque sua primeira característica – a de eventualmente seguir uma lei já existente – é fácil. Não a distingue de uma ética qualquer da heteronomia, pela qual sequer nos perguntamos o que é certo, o que é errado, mas acompanhamos a manada. (Por isso, o essencial aqui está nos traços segundo e terceiro, os que nos afastam da mera repetição – no limite, não ética – de valores aprendidos, para entrarmos na opção pessoal por princípios, que procuraremos seguir).

Onde deixamos de ser carneiros, e nos tornamos humanos, é quando cintila a intenção. É quando, também, se divisa o fracasso. Esses dois traços, o segundo e o terceiro acima apontados, ligam-se umbilicalmente. Só distingo a intenção do ato porque percebo o quanto é difícil e arriscado estar neste mundo. Aliás, neste ponto os éticos de princípios se encontram com Maquiavel: o cerne de seu argumento, no *Príncipe*, era o descompasso entre a intenção (boa) e o resultado (desastroso). Eles e ele percebem que o mundo da ação é opaco, que entre o gesto e seu efeito, entre o ímpeto e o final, há um sem-fim de desencontros, que, por sinal, é o que nos faz pensar, é o que nos desafia a encontrar um rumo que seja nosso. Aqui, porém, ao contrário de Maquiavel, longe de o resultado julgar a intenção, é esta que prevalece. A intenção desculpa o ato – e quem não sabe como isso conta, na mais íntima das relações, a do amor?

Quanto mais íntimos somos, mais importa a intenção. Por isso mesmo – se uma ética que lida com o não íntimo, com o desconhecido, não pode pautar-se pela intenção –, uma ética da proximidade é, sobretudo, uma ética intencionada. É sábio o ditado popular, "feliz no jogo, infeliz no amor", sobretudo se o somarmos à expressão francesa, que também vale para o amor, opondo-o ao jogo, "quem perde, ganha". Pois, no jogo, exclui-se a intenção e lida-se com o estranho. (Athos, nos *Três Mosqueteiros*, desafia um estranho em duelo; o outro se recusa, dizendo que não sabe quem ele é; o mosqueteiro: "mas vós aceitastes jogar comigo";

e o desafiado lhe explica que se joga com qualquer um, mas somente se duela entre iguais. O jogo é um dos modos, por excelência, de nos relacionarmos com o estranho). Já no amor, intimidade e intenção vão juntas. Por isso é que a derrota, nos termos da lógica externa, que é a do jogo, que é a que prevalece no mundo em geral, pode constituir uma vitória no amor. Aos olhos da amada, um fracasso de boa intenção conta mais que a secura do sucesso.

Curiosamente, essa vocação da ética da vida pessoal para o fracasso acaba constituindo uma de suas maiores qualidades. Já a ética da responsabilidade, sendo pautada por resultados, terá enorme dificuldade em tratar com a derrota. Irá evitá-la de todos os modos, mas quando a ela sucumbir não terá defesa, não terá discurso que seja plausível.

Ora, a derrota, o infortúnio, fazem parte essencial da aventura humana. Se apenas soubermos lidar com o êxito, se voarmos de sucesso em sucesso, será nosso o desastre final que os analistas dos costumes previam para o cortesão francês, na época de Luís xiv – um dia, decaídos do favor régio, sofrerão em excesso, porque se terão acostumado a um único metro para julgar das coisas, o do êxito externo, o da opinião alheia. Daí que a ética da vida privada sirva – *sobretudo* quando o mundo dos negócios e do emprego segue, como hoje, uma lógica implacável – de excelente colchão de segurança para os momentos em que mais necessitamos de amparo, isto é, quando nada mais na vida nos sorri. A intimidade é este espaço de recolhimento, de cuidado de si, em que o afeto multiplica-se na medida mesma em que nos devasta o desastre que colhemos na rua, na praça, no olhar do estranho.

O erro dos nossos defensores da ética da responsabilidade, dizia acima, está em converterem-na em ética da *irresponsabilidade*. Isso porque não a levam devidamente a sério. Pensam-na, assim como seus críticos e detratores, como uma ética com desconto. Acreditam que a lógica da vida pública ou política seja mais leve que a da vida privada. Entendem o convívio com o outro – sobretudo quando esse é o estranho, e a relação está determinada pelo poder – a partir de uma negação, de um prefixo privativo, como o "a-" grego ou o "i-" latino: na política, pensam eles, *não* valem as exigências da moral. Não percebem, o que é o eixo de toda a argumentação neste artigo, que o mundo das aparências, o mundo da história, que é também o da política, tem um nível *elevado* de exigências. Expressam uma enorme dificuldade – talvez uma *brasileira* dificuldade – em entender o que é a política. No fundo, quem sabe compartilhem com seus detratores, ou críticos, o mau juízo sobre a política, como território em que tudo é permitido. E quem sabe essa comunidade de contrários, não compreendendo a política, comprove o que andei sugerindo ao longo d'*A Sociedade contra o Social*, sobre o sonho brasileiro e quiçá mundial de uma política *sem* políticos, de uma sociedade da qual precisamos produzir sucessivos clones, para que pelo menos um deles dê certo, já que o original desandou. Mas vamos ao erro que cometem.

A ética da responsabilidade, que é a da ação política, não se define apenas pela suspensão dos valores estritos que devem prevalecer nas relações com os entes queridos ou, pelo menos, conhecidos. Sustentei que há um vínculo entre a intenção e a intimidade. Em relação aos que são realmente meus próximos, devo seguir os valores. Conta mais isso do que o resultado objetivo de meus atos. À medida, porém, que me afasto, o resultado seco passa a valer mais do que o fundo de meu coração. É essa a ética da responsabilidade. Quando opto pela ação política, quando entro, pois, no registro maquiaveliano, rompo com o mundo das intenções. Isso significa três coisas. Primeira, não será mais levada em conta a minha intimidade, mas a aparência externa de meus atos. Segunda, entrará em cena a história: a intenção dá-se no instante em que ajo, no imediato, mas a ação, ela mesma, só expressa todos os seus resultados a médio ou mesmo longo termo.

Terceira e última, não há desculpa para o fracasso; ou – se outras desculpas podem ser invocadas, as que dizem respeito ao caos do mundo, à *fortuna* de que falava

Maquiavel – uma, pelo menos, não se pode ativar: não se perdoa o fracasso alegando-se a intenção. Não dá, quando se optou por buscar o sucesso, para – diante do insucesso – recorrer àquela ética feita para acolhê-lo. Não posso ativar e desabilitar vida privada e pública, opinião alheia e intimidade, simplesmente apertando um ou outro botão. E no entanto é o que sucede entre nós: sempre que se surpreende um potentado perturbando os limites do público e do privado, ele se permite invocar duas lógicas opostas, a de que procurava o melhor para a sociedade (e para tanto não podia conter-se nas fronteiras da ética pessoal) e de que a melhor prova de sua honestidade esteve no fracasso de suas tentativas – argumento este que está no cerne da vida íntima, mas é muito duvidoso para a vida política. Nessa confusão das duas éticas, mais que em qualquer outra coisa, está, quem sabe, a promiscuidade do que entre nós é público ou privado. Seguir decididamente a vida pública é quase impossível. Em algum momento se tornará necessário recorrer ao regaço da vida privada, geralmente para se reativar a virtude pessoal que, no trato com o estranho, no *negotium* dos negócios, foi tão posta em dúvida.

Deveria haver uma tragédia do estadista vencido. E ela existe: é a peça de Sartre, *As Mãos Sujas*, em que o político comunista Hoederer aceita sujar seus princípios para atingir o poder. Boa parte do confronto entre ele e o intelectual pequeno-burguês radicalizado, Hugo, que foi incumbido por uma ala dissidente do partido comunista de matá-lo – porque o próprio líder se estaria revelando traidor ao negociar com o antigo inimigo – dá-se na contraposição entre uma ética da responsabilidade, característica do político, e uma ética de princípios, que é a única compreendida pelo aprendiz de assassino. É provavelmente a peça mais brilhante de Sartre, até porque esse rápido resumo está longe de esgotá-la, e nela se vão modificando, constantemente, as oposições (o erro de Francis Jeanson, em sua leitura dela, consistiu em só tomar esse aspecto principal, o do confronto entre a política e uma moral pouco inventiva).

Mas mesmo Hoederer só busca o poder e aceita a sujeira – o acordo com o poder local que servira aos nazistas – tendo em vista um princípio *maior*, a derrota do fascismo. Ou seja, ele próprio subordina o seu quinhão de responsabilidade a um valor superior; é isso o que caracteriza o político que pretende mudar o mundo. Assim, a derrota do próprio estadista só é trágica, e suscita em nós alguma espécie de piedade, quando ele deixa de aparecer, a nossos olhos, como exercendo apenas a ética da responsabilidade. Pois, se confrontamos Hoederer, nas *Mãos Sujas*, com César Borgia, no *Príncipe* de Maquiavel, vemos que este último nada desperta no leitor a não ser uma curiosidade – comiseração ou simpatia, nenhuma.

Já uma política prosaica, como a da responsabilidade, exclui a tragédia. Mas não impede a derrota. O que impede é que esta se mostre trágica. E talvez seja esta a *secreta tragicidade da política*, seu caráter trágico elevado ao quadrado: é tão solitário o estadista derrotado que nem sequer a piedade dos outros ele pode ativar. A piedade, sabe-se, é um elo social poderosíssimo, e não foi à toa que Rousseau a escolheu como o fator primeiro (*pitié*, compaixão) a nos ligar a todos os demais seres vivos: somos solidários, sobretudo, com quem sofre[11]. É como se Rousseau transpusesse para a relação mais pura e mais ampla com o outro – aquela que antecede toda formalização dos elos enquanto sociais, e que se estende até ao que ultrapassa o mundo humano – o sentimento de compaixão ou piedade que Aristóteles tinha analisado na *Poética*, e que aplicava mais restritamente ao gênero teatral da tragédia.

Não causando em nós nenhuma pena, o governante derrotado perde os elos que poderia ter com seus semelhantes. É precipitado numa solidão seca, sofrida, que não conta sequer com o bálsamo de ver compartilhado o seu sofrimento. Evidentemente, nem sonham com isso os nossos defensores

---

11. *Discurso sobre as Origens e os Fundamentos de Desigualdade entre os Homens*, 1ª parte, São Paulo, Nova Cultural, 1999, p. 76-77 e da edição francesa: Paris: Garnier-Flammarion, 1971, p. 197.

nacionais da ética dita da responsabilidade, para quem o governante surpreendido num mau passo, ou derrotado, em momento algum responderá pelo que fez: daí que caiba mais dizer que seu Weber é retorcido, e que a ética que defendem é a da *irresponsabilidade*. Isso também explica que seu Maquiavel seja meio fraco, e não vá além da leitura superficial e errada que consiste em dizer que política e ética pessoal se opõem, quando tudo o que procuramos aqui lembrar é que existem uma dignidade e uma exigência elevada também na ética da política.

À medida que este artigo avançava, foi ficando de lado o lance Mandeville, em favor do lance Maquiavel. Já comentamos, em outro lugar, a abertura Mandeville – tanto sua eficácia no barateamento da vida social quanto suas limitações, na medida em que a esvazia de sentido e de afeto. Quanto a Maquiavel, sua atualidade – uma atualidade seguramente ampliada ao longo do século XX – está em ele salientar o caráter imprevisto, e criativo, de uma atividade que não tem como se pautar por normas prévias. E em nosso tempo cada vez mais atividades, até as da vida privada, até no que diz respeito ao amor e à inserção no mundo do trabalho, se emanciparam e continuam se emancipando dos referenciais que antes as guiavam.

Agir sem metro prévio era, no século XVI, a condição do príncipe novo. Hoje é, mais ou menos, a de todos nós. Por isso a lição de Maquiavel se dirige a todos. E também por isso, a irritação com ele muda de dimensão. No Dezesseis, e até poucas décadas atrás, a má fama do filósofo se devia a ele mostrar que a política obedece a leis *distintas* das éticas. O mundo político era apresentado como estranho, perigoso, separado da relativa tranquilidade – mental, pelo menos – que a decência pode proporcionar. Hoje, porém, mudou o sentido do que seria esse mundo "político".

A política não é mais, essencial ou exclusivamente, a que se refere ao poder. Ela tornou-se tudo aquilo que, sem ter metro prévio, exige uma ação criativa. Agir politicamente é *moldar* a própria vida *sem* seguir uma regra *anterior*. Diante disso, a irritação com Maquiavel – que perdura – não se deve mais ao que ele disse sobre o mundo do poder, mas ao que ele aponta quanto a nossas escolhas de vida. Todos nós estamos, mais ou menos, no papel de seu príncipe. Isto é, com frequência, insuportável. Não existem mais regras pré-definidas sobre como agir na profissão, no amor, nos tratos e contratos que firmamos, e que, sendo cumpridas, assegurariam o sucesso, ou pelo menos a certeza moral de haver agido bem. Precisamos, constantemente, inventar novas formas de ação e de associação. Deparamo-nos, um sem-número de vezes, com a dificuldade, o imprevisto, o fracasso. Temos à nossa frente o alcance devastador da fortuna sobre nossas vidas, e o espaço sem nenhuma garantia em que tentamos fazer uso da *virtù*, da ação criadora que procura moldar o futuro. Maquiavel está muito mais perto de nós, homens privados, do que jamais esteve: razão de sobra para o temermos, e talvez o detestarmos.

Quando, no começo do período Collor, comecei a me interessar em discutir política brasileira à luz da filosofia, tratava-se de enunciar as condições de passagem do país a uma condição melhor. O primeiro presidente eleito pelo povo, depois da longa tutela militar, prometia um salto qualitativo, um *upgrade*, do país por meio da economia[12]. Já a oposição, preocupada com o caráter autoritário e salvacionista do príncipe eleito, colocava a cidadania como palavra de ordem – mas uma cidadania também de primeiro mundo: separação do público e do privado, por exemplo. Evidentemente, tínhamos aí um confronto de direita e esquerda, entre a lógica da economia, que num país dependente assume uma necessidade e um caráter irretorquível que dificilmente lhe seria atribuído numa potência do hemisfério Norte, e a dos direitos, um conflito entre a necessidade e a liberdade, entre autoritarismo e democracia.

Naquela ocasião, eu e outros aplicamos uma teoria política de lavra norte-atlântica à construção da cidadania, da democracia e dos direitos humanos no Brasil. Mas faltou

---

12. Levar o Brasil da posição de primeiro país do terceiro mundo à de último do primeiro mundo, dizia ele.

discutir em que medida esse *corpus* dissidente, nosso país, exigia redefinir certos conceitos da própria teoria. No caso, da política. Daí que muitas vezes, eu e outros, ao criticar a cultura brasileira, seu personalismo, tenhamos incorrido numa crítica ao modo de ser, ou de estar, brasileiro. Expusemos, várias vezes, a carência, a falta brasileira diante de modelos já constituídos do estado de direito, como os europeus ou norte-americanos.

Mas, ao longo da década de 1990, senti mudar um ponto essencial: não cabe mais conferir papel canônico ou paradigmático a qualquer modelo já existente, por bem-sucedido que seja. A queda do Muro de Berlim, que para muitos definiu o triunfo do "pensamento único" (do consenso neoliberal), teve a meu ver o papel exatamente contrário, talvez mais discretamente ou a mais longo termo: o de liberar nossa reflexão da posição de refém de teorias já existentes. Nossa relação com o primeiro mundo, ou o Atlântico Norte, não pode ser a da *mímesis* (talvez devesse ser, melhor dizendo, a da *catarse*: a de limparmos, pela emoção forte que é a mitificação que dele fazemos, uma ilusão; a de nos livrarmos de um modelo que não é o único, nem o melhor, para organizar o social). É esta mudança no modo de ver as coisas que dá sentido à discussão de nossa cultura de um ponto de vista que é o da filosofia política. Não cabe subserviência em relação às democracias "realmente existentes", europeias e norte-americanas. Daí que eu conclua com dois pontos.

Primeiro, o sentido maior de repensar nossa cultura, nisso retomando a antropologia e mesmo aquela que teve mau uso político, a de Gilberto Freyre, está em imaginar uma síntese entre o pessoal e o coletivo, entre o sentimento e a política, que *não* foi bem-sucedida nos modelos do Atlântico Norte. Lá, e esse foi o principal legado da Modernidade, o êxito das formas políticas – em especial, do Estado de direito e da democracia – implicou um esfriamento da dimensão pública, um enregelamento das paixões. O espaço coletivo cresceu justamente na medida em que se tornou racional, em que excluiu as paixões. Ora, em nosso país notamos que os políticos mais hábeis no manejo do afetivo são justamente, não só os mais conservadores, mas também os mais patrimonialistas, mais afastados da democracia, mais suspeitos, às vezes, de procedimentos incorretos com os dinheiros públicos. Só que isso, em vez de nos fazer endossar a dupla equação da modernidade (os afetos implicam atraso, ao passo que o progresso exige esvaziamento do afeto e intensificação do jurídico e do racional), deve impor-nos o desafio de pensar como poderá a democracia, também, conquistar os afetos, e assim se ancorar em nossa psique mais do que em nossa razão: como poderá deitar raízes em nosso id, em vez de circular apenas em nosso ego.

Segundo ponto: há que pensar um sentido novo da política, que se resume na seguinte frase, dirigida ao leitor, ao ouvinte: a política está em *suas* mãos. Não pela banalidade do "se você não fizer política, ela faz você"[13], que simplesmente censura a indiferença ante os partidos, as eleições e a militância. É mais que isso: são duas coisas. Primeira, a filosofia política só pode ser pensada tratando não apenas do que pode vir a ser, mas além disso tendo bem em mente que isso só virá a ser mediante a ação do leitor. Se escrevo sobre o poder, não trato dele como trataria de uma célula ou de um planeta, do infinitamente pequeno ou do infinitamente grande de Pascal: e isso porque não trato do que "é", mas do que poderá ser ou não ser, dependendo quase que estritamente do que os humanos fizerem – ou não. Portanto, caro leitor, não se pode falar de filosofia política sem ter você como destinatário.

Quando escrevo um romance ou um *paper* de ciências exatas, vá lá que ignore, ou finja ignorar, a existência de meu leitor. Falo de coisas que – pelo menos em tese – existem independentemente de quem escreve e de quem lê; pelo menos em tese, porque este é o modo pelo qual se constitui

---

13. Tento traduzir assim a expressão francesa "si tu ne t'occupes pas de la politique, elle s'occupe de toi" – literalmente, se você não se ocupar da política, ela se ocupa de você.

a série de protocolos que regem a produção e a recepção desse tipo de texto, desse modo de ciência ou saber. Mas, quando está em jogo a ação, o receptor desejado na mensagem é essencial. Deixa de ser periférico, ou de ser convencionado como irrelevante, para se tornar o pivô mesmo da obra, a razão de ser ela escrita, lida, divulgada. Fingimos bem, nós, autores de política, quando assumimos o tom empertigado ou pelo menos neutro, de quem está lidando com as coisas como elas são; porque nada é, em termos de ação humana; tudo, sem exceção, pode ou não vir a ser, e depende – para tanto – da disposição do leitor.

Creio que é esta enorme dependência que temos da benevolência de nosso público que nos leva, como reação de defesa, a dele nem sequer falar. Confira, leitor, mais de dois mil anos de filosofia política: quantos autores se dirigem ao seu público? quantas páginas ou parágrafos, afora o prefácio ou uma introdução muitas vezes apenas formal – respeitosa, de praxe, simples tributo ao lugar-comum –, foram dedicados à negociação com o leitor? Quase nada. Você é o escondido da filosofia política, aquilo que ela oculta porque recalca. Mas, com isso, ela perde de vista a possibilidade de lidar com a ação. Por que dá para lidar com a ação só na terceira pessoa, como se descrevêssemos o funcionamento de uma célula ou os movimentos dos astros? O tom de pontífice, no trato da filosofia política, não é simples má educação ou falta de boas maneiras. Ele decorre de um equívoco monumental sobre o que é a ação, e que governa quase toda a história do pensamento sobre a ética e a política; e esse erro consiste em dar-lhes uma densidade ontológica que não têm, para estudá-las mediante um tipo de conhecimento objetivo, descritivo, que nelas nada pode apreender de relevante.

Daí, meu ponto final por enquanto: hoje, a vida de cada um de nós impõe desafios que, outrora, seriam apenas do estadista. Se a filosofia política não se pode escrever sem ter explicitado o seu destinatário, que é a razão de ser dela, é óbvio que no lugar do velho destinatário dos textos de política, que era o príncipe, o rei, o Um, entra hoje – numa democracia almejada – o cidadão, o *qualquer* um. Ao ser excluído o absoluto[14], ao serem destituídas as verdades reveladas, cada um de nós se vê posto no lugar que pertenceu ao *Príncipe*. Com as verdades se silenciando, cada um ficou obrigado a inovar.

Continua havendo uma diferença entre as duas éticas de que falamos. Mas cresceu o alcance da ética da responsabilidade. Ela não se confina mais no político em sentido estrito, o das instituições. Política, hoje, deve ser sobretudo *ação* – e ação de cada um, em sua própria vida. Isto significa que precisamos aprender a praticar melhor a abertura Maquiavel. Ninguém está a salvo de um desastre, de um imprevisto; não há mais regras que nos poupem da novidade. Precisamos ser *condottieri* de nossas vidas, estadistas de nosso destino. Isso, porém, que à primeira vista parece embriagar de poder e de perspectivas, não é nenhum consolo; ao contrário, é um desafio para cada pessoa. Um desafio que inclui a exigência de articular o pessoal e o social, o ético e o político, o privado e o público.

---

14. Sobre a destituição do absoluto e do fundamento, ver, Gerd Bornheim, A Invenção do Novo, em Adauto Novaes (org.), *Tempo e História*, São Paulo: Companhia das Letras, 1992; O Que Está Vivo e o Que Está Morto na Estética de Hegel, em Adauto Novaes (org.), *Artepensamento*, São Paulo, Companhia das Letras, 1994; e "Crise da Ideia de Crise", em Adauto Novaes (org.), *A Crise da Razão,* São Paulo, Companhia das Letras, 1996.

ÉTICA E ESTÉTICA:
UMA VERSÃO NEOLIBERAL DO JUÍZO DO GOSTO
Bento Prado Jr.

Em homenagem a José Henrique Santos

Como nos tempos de Hegel, ninguém está dizendo que a Arte acabou, mas simplesmente que a alta voltagem de uma primeira audição de Schönberg ou a leitura de um texto inacabado de Kafka não se repetirá mais com a intensidade e a verdade de quem se defronta com um limiar histórico.

PAULO EDUARDO ARANTES[1]

1

A frase em epígrafe (no seu intencional "maligno ar obscuro", como diria Drummond) determina o *telos* das considerações

1. Cf. Marcos Nobre e José Marcio Rego, *Conversas com Filósofos Brasileiros*, São Paulo: Editora 34, 2000, p. 363.

que se seguem e a perspectiva escolhida para a abordagem de nosso tema. Só ao termo, talvez, de nossa exposição, se não nos perdermos no caminho, como é perfeitamente possível, essa indicação inicial venha mostrar o seu sentido ou sua importância para o exame de nosso tema.

O tema que aqui visamos é bem o da contemporânea experiência negativa de dupla face: a experiência simultânea de uma "banalização" da obra de arte enquanto tal e do seu esvaziamento de qualquer dimensão ético-política. Ao arriscar-nos a enfrentar tal problema, somos, é claro, obrigados a fixar nosso olhar no nosso presente imediato ou na forma atual de acesso à obra de arte, tanto pelo especialista como pelo grande público leigo. Mas somos igualmente obrigados a um olhar retrospectivo, já que o possível diagnóstico não pode economizar o esboço de uma etiologia.

Para dar um primeiro horizonte à nossa questão, tracemos uma linha ou uma curva puramente abstrata, no elemento da evolução dos conceitos filosóficos, à distância da circunstância concreta, histórica e cultural de nosso presente, para em seguida tentarmos melhor circunscrevê-lo. Penso aqui na curva desenhada nos três últimos séculos pela reflexão estética que nasce, cheia de promessas no século XVIII, por ocasião de sua instituição como disciplina teórica autônoma, e que se enreda, no presente, em aporias aparentemente imperceptíveis em sua aurora.

Não cabe, aqui, é claro, fazer a história da estética e narrar o seu nascimento ao longo do século XVIII, com a progressiva descoberta da irredutibilidade do domínio do sensível ao inteligível, em grande parte obra da filosofia do empirismo, e com a grandiosa culminação da filosofia das Luzes na *Crítica da Faculdade de Julgar* de Kant, onde o juízo de gosto encontra o seu horizonte "transcendental" que lhe garante sua universalidade. Uma universalidade revolucionária, já que não fundada no conceito, mas no livre acordo entre as faculdades. Basta que se diga que com a Terceira Crítica abre-se um espaço para a circunscrição do Belo, inteiramente autônomo e separado das esferas do Verdadeiro e do Bom, determinados neles mesmos nas duas Críticas anteriores. Numa palavra, doravante é pensável um acordo intersubjetivo a respeito do Belo que dispensa qualquer referência ao, ou o amparo no solo da verdade racional ou da norma moral.

Esse momento kantiano da determinação da autonomia do domínio estético – em sua autonomia, repitamos, face à esfera da moral, mas também àquela das verdades da ciência, da metafísica e da teologia – é apenas o grau zero da curva a ser traçada, que deve acompanhar como um fio vermelho a história da reflexão estética do final do século XVIII até o século XX, ou até nosso passado imediato que se prolonga, de um modo ou de outro, nas polêmicas que fazem nosso objeto, até nosso presente. Três serão os momentos dessa curva que, começando com os escritos de Schiller e passando pelos de Kierkegaard, vem culminar em algumas páginas de Wittgenstein. Por que privilegiar esses três autores? Porque cada um deles, a começar por Schiller, que parte diretamente da leitura de seu contemporâneo Kant, dará uma nova forma à disjunção, mas também à articulação em forma de sistema, operada pela filosofia crítica entre as esferas do belo, do moral e do verdadeiro.

Em que consiste propriamente o gesto schilleriano? Em introduzir uma inflexão nova no esquema kantiano, guardando embora algo como o coração da sua teoria do juízo de gosto: isto é, a ideia de que o juízo de gosto é uma forma de acordo feliz e, por assim dizer, inesperado entre nossas faculdades (sensibilidade, imaginação, entendimento) que, sem garantir um juízo ou um conhecimento objetivante, assegura uma universalidade pré-conceitual. O essencial, para Schiller, é a gratuidade do jogo entre as faculdades, que possibilita uma harmonia não imposta pelas normas da Razão em suas dimensões prática e teórica. A arte é, essencialmente, um jogo feliz. Tudo se passa como se a vida, em sua pura espontaneidade pré-reflexiva, desse uma boa forma à humanidade (tanto em sua dimensão individual como na coletiva), dando origem a uma "bela alma" e a uma "bela humanidade".

Com isso uma ponte é construída entre as esferas da atividade artística e da ação moral: a autarquia da estética não impede que ela carregue consigo, ao mesmo tempo, uma promessa de moralidade e de felicidade. O título da obra de Schiller em questão é inequívoco: *Cartas sobre a Educação Estética do Homem*.

É assim que a filosofia das Luzes, após conquistar para a arte a autonomia de sua esfera, atribui-lhe uma tarefa em que ela ultrapassa-se a si mesma, como que apontando, no futuro, para a reconciliação das três dimensões da Razão: para uma humanidade futura, ao mesmo tempo bela, justa e racional. Ao longo do século XIX, com o romantismo, o realismo e o simbolismo – mas também com o modernismo, que Adorno data exatamente de 1850 –, o programa acima descrito acaba por sofrer as mais diversas modificações. E a menor delas não será aquela que colocará em perigo uma das pontes estabelecidas por Schiller. Com feito, a compreensão da arte como forma de educação da humanidade implica não apenas uma comunicação entre estética e ética ou política, mas também uma comunicação entre o artista (e/ou o crítico especializado) e o público leigo em geral. O que interessa, em um autor como Kierkegaard, entre outras coisas, é a sistemática demolição das pontes edificadas por Schiller. A começar pela secessão com o público, que partilha com seus inimigos românticos (deixemos de lado o "desvio" romântico, que culminará no retorno ao universo da tradição contra o qual se voltara a filosofia das Luzes). É bem um retorno à subjetividade isolada (longe do *Sensorium Communis* da terceira Crítica) que é promovido por Kierkegaard, que refaz a operação agostiniana de corte entre a cidade de Deus e a cidade dos Homens. É a própria cristandade (a cidade de Deus de Sto. Agostinho) que se vê desqualificada em sua oposição ao cristianismo, a que o crente só pode ter acesso solitário. Mas, sobretudo, são as esferas da estética, da ética e da religião que são desarticuladas e dispersas *disjecta membra*. E que não nos engane a expressão que figura como título de uma das obras (e que permitiria uma leitura schilleriana ou hegeliana): a expressão, etapas no caminho da vida, em que parecem suceder-se a estética, a ética e a religião. Aqui não passamos da estética à ética de maneira contínua e harmoniosa, como no caso das "Cartas" de Schiller: ao contrário, entre ambas figuras interpõe-se a expressão "Aut Aut", que funciona como dramática exigência de disjunção. Mais do que isso, a expressão estética não remete aqui à relação cognitiva que podemos ter, individual ou coletivamente, com as obras de arte ou com o espírito objetivo. Pelo contrário, por estética entendemos aqui uma relação de si a si mesmo, algo de semelhante àquilo que mais tarde Foucault chamaria de cuidado de si (embora, neste caso, a "estetização" da vida queira fazer as vezes de ética e não opor-se a ela).

Para fechar o ciclo ou o desenho da curva, no século xx, temos o desvio wittgensteiniano que, embora tendo sido leitor acolhedor e simpático dos textos de Kierkegaard, propõe, ao contrário da disjunção *Aut Aut*, a perfeita superposição entre as três esferas ou etapas. Estética, ética e religião são rigorosamente o mesmo domínio. Os valores estéticos, éticos e religiosos não se opõem, dentro do mundo, como valores diferentes (como nas clássicas "filosofias dos valores", de M. Scheler ou de N. Hartmann): pelo contrário, ao mundo como um todo, pensado como a totalidade dos fatos, opõe-se aquilo que importa e de que não podemos falar, o que não tem lugar no mundo, o inefável de que temos uma experiência simultaneamente ética, estética e religiosa. Wittgenstein fala da paixão a que se referia Kierkegaard e que daria "cores" à existência, assim como retoma a expressão de Goethe: "A ciência é cinza e auriverde o fruto da árvore da vida".

Depois desse breve percurso, podemos mergulhar diretamente no problema que nos foi proposto, ou seja, na suspeita de que há algo de essencialmente perverso na nossa experiência da arte moderna, que haveria culminado em banalização, em esvaziamento da própria arte. É bem nesses termos que J. Habermas abre sua conferência de 11 de setembro de 1980 sobre Modernidade – um projeto inacabado[2], perguntando se esse diagnóstico catastrofista é verdadeiro e irreversível ou se, pelo contrário, exprime apenas a cegueira dos chamados "pós-modernos" diante das virtualidades sempre vivas do projeto moderno.

O interesse do texto de Habermas consiste justamente na sua decisão de responder negativamente àquelas inquietações e de reafirmar a atualidade do projeto moderno (esquematicamente exposto por nós, sob o signo precursor das *Cartas sobre a Educação Estética do Homem*). Como vimos, o projeto de modernidade da filosofia das Luzes conheceu várias ressacas desde meados do século XIX, e a óptica dos pós-modernos não passaria de uma síntese tardia de todos esses recuos, acolhida de modos diferentes por diferentes formas de conservantismo. Conservantismos classificados esquematicamente por Habermas em três categorias: 1) a dos "jovens conservadores", como G. Bataille, Derrida e Foucault, todos seguindo a pista aberta no século XIX pelo estetismo de Nietzsche e caracterizados de maneira algo vaga pelo "desvelamento da subjetividade descentrada", ou como um modernismo que é "antimodernista" por opor de maneira maniqueísta a espontaneidade, o arcaico, a afetividade e a imaginação à razão instrumental e aos imperativos do trabalho e da utilidade ; 2) a dos "antigos conservadores" como Leo Strauss e Hans Jonas, que recuam diante da dissolução "moderna" da ordem cosmológico-teológica do pensamento clássico; 3) e a dos neoconservadores, como o primeiro Wittgenstein[3], Carl

2. Tradução brasileira publicada em *Um Ponto Cego no Projeto Moderno de Jürgen Habermas* de Otília B. Fiori Arantes e Paulo Eduardo Arantes, São Paulo: Brasiliense, p. 99-123. Neste livro, os autores submetem as reflexões de Habermas sobre a arte moderna – especialmente no caso da arquitetura – a uma análise e a uma crítica muito cerradas. Nosso uso crítico do texto de Habermas será feito de uma perspectiva diferente e infinitamente mais sumária, embora talvez, assim esperamos, convergente com o ensaio de Otília e Paulo Arantes.

3. A inclusão de Wittgenstein, nesta categoria, não vai sem algum embaraço para Habermas. Um sintoma é a misteriosa restrição do "neoconservadorismo" de Wittgenstein à primeira fase de seu pensamento. Talvez o uso que Habermas faz da ideia de jogos de linguagem e de formas de

Schmidt e Gottfried Benn, que desarticulam a confluência ilustrada entre ciência, ética e política, estética; que não veem interesse prático-vital na ciência, que amputam a ação política de justificação prático-moral e que encerram a experiência estética no âmbito da vida subjetiva e privada, roubando-lhe todo conteúdo utópico.

É claro que o diagnóstico da crise das vanguardas não é de responsabilidade exclusiva dos conservadores ou neoconservadores. Assim, não é dissociando-se de Octavio Paz que Habermas vem a citá-lo, lembrando que "enquanto movimento que nega a si mesmo, o modernismo é 'nostalgia da verdadeira presença'. Este é, segundo Octavio Paz, 'o tema secreto dos melhores poetas modernistas'"[4]. Sobretudo se lembrarmos que Octavio Paz, nesses textos, tem em mente o fim histórico efetivo das vanguardas literárias nos anos 1960-70. Mas é do lado dos autores francamente conservadores que retiraremos a primeira de nossas lições. Tal é o caso de Daniel Bell, cujo livro *The Cultural Contradictions of Capitalism* parece a Habermas particularmente interessante e brilhante. Por razões que exporei mais tarde, cabe citar por extenso o parágrafo que o filósofo alemão consagra a esse livro:

---

vida, na sua reconstrução da Teoria Crítica, obrigue-o a salvar a segunda fase do filósofo. Resta que não há evidências de mudança essencial ao longo da obra de Wittgenstein no que concerne à ética e à estética. É bem verdade que Wittgenstein caracteriza o trabalho filosófico assim como o arquitetônico (aqui estilisticamente identificados) como um *trabalho sobre si*. Mas é difícil imaginar o admirador do Loos e o arquiteto da casa da Kundmanngasse (bem como o leitor de K. Kraus) como inimigo da modernidade. Reconheçamos todavia que Wittgenstein jamais poderia ser pensado como um *Aufklärer* e que politicamente só poderia ser classificado como "anticapitalista *romântico*".

4. Cf. *Um Ponto Cego...*, p. 102-104. Octavio Paz é enfático: "A arte moderna começa a perder seus poderes de negação. Há anos suas negações vêm sendo rituais que se repetem: a rebelião se tornou um receituário; a crítica, retórica; a transgressão, cerimônia. A negação deixou de ser criadora. Não digo que estejamos vivendo o fim da arte; estamos vivendo o fim da ideia de arte moderna". Em *Point de Convergence. Du romantisme à l'avant-garde*, trad. francesa, Paris: Gallimard, 1974, p. 190.

Num livro interessante, Bell desenvolve a tese segundo a qual as manifestações de crise nas sociedades avançadas do Ocidente podem ser atribuídas a uma ruptura entre cultura e sociedade, entre modernidade cultural e exigências do sistema econômico e administrativo. A arte de vanguarda penetra nas orientações de valor do dia a dia e infecta o mundo da vida com o caráter do modernismo. Este é o grande aliciador, que faz predominar o princípio da autorrealização sem limites, a exigência de experiência pessoal autêntica, o subjetivismo de uma superexcitada sensibilidade, libertando, com isso, motivações hedonistas inconciliáveis com a disciplina da vida profissional e, em geral, com os fundamentos morais de um modo de vida segundo fins racionais"[5].

Numa palavra, o modernismo dissolveria a ética estruturalmente ligada à modernização e ao capitalismo.

Este texto não nos interessa apenas porque faz eco, nesse diagnóstico que obviamente Habermas não subscreve (como não pode fazê-lo por guardar a perspectiva "progressista" ou utópica do projeto moderno e da filosofia das Luzes), à crítica endereçada aos "jovens conservadores", que opõem "a experiência de si" ou "a força dionisíaca do poético" à razão instrumental de maneira "maniqueísta". Ele nos interessa mais por implicar – para além das escolhas éticas ou políticas – um ecletismo teórico semelhante na circunscrição da crise da modernidade. Qual é a proeza teórico-metodológica de Daniel Bell nesse trabalho que tanto interessou Habermas? A crer em Luc Ferry, na substituição de uma óptica marxista, anteriormente assumida, por uma combinação das perspectivas de Weber, de Tocqueville e de Cassirer, recobrindo assim os níveis sucessivos da economia, da sociedade e da cultura. Essa trindade permitiria esquivar[6] os óbices metodológicos do marxismo e do funcionalismo, discriminando a heterogeneidade dos níveis constitutivos da sociedade capitalista. Passando a palavra a Luc Ferry:

---

5. Cf. *Um Ponto Cego...*, p. 105-106.
6. Sigo aqui literalmente a apresentação feita por Luc Ferry em seu livro *Homo Aestheticus, A Invenção do Gosto na Era Democrática*, São Paulo: Ensaio, 1994, p. 278-288.

Em vista disso, distinguem-se três esferas: em primeiro lugar, a estrutura tecnoeconômica que pode ser, no essencial, descrita em termos weberianos. Regida por um modo de organização burocrático, essa estrutura tem por princípio a eficácia, a rentabilidade máxima (a *Zweckrationalität* ou "racionalidade instrumental". A segunda esfera é a do político: desde o aparecimento do individualismo moderno [...] essa esfera vem se orientando cada vez mais, de acordo com as análises de Tocqueville, por uma legitimidade democrática que tem por fundamento último a exigência de igualdade – primeiro formal, depois cada vez mais real. A esfera da cultura, por fim – e Bell refere-se aqui não mais a Weber ou a Tocqueville, mas sim a Cassirer – tem como princípio, no mundo moderno, a expressão do Eu ou "o desabrochar da personalidade".

É claro que aqui o antigo marxista[7] vai mais longe do que Habermas na reconstrução da teoria das contradições do capitalismo: seu livro culmina num novo contrato social que não pode dispensar a bênção do, ou a fundamentação no, sagrado[8].

É evidente que Habermas não acompanha, pelo contrário, a crítica de D. Bell ao hedonismo invasor ou às contradições entre o *ethos* do individualismo de uma sociabilidade radicalmente privatizada e as exigências "racional-instrumentais" do bom andamento do Capital. Mas é certo que visa a crise cultural do capitalismo segundo uma estratégia semelhante àquela que está na base da iniciativa conservadora de Bell. É claro que, para Habermas, trata-se de visar uma reunificação de inspiração iluminista das esferas do conhecimento, da prática e da expressão artística e, mais ainda, de fazê-las irrigar, de retorno ao mundo da vida, revivificando-o, no quotidiano das práticas comunicativas. É nesse segundo momento que se reata com o fio perdido das Luzes e se devolve vida ao projeto Moderno. O alvo

---

7. Sempre segundo Luc Ferry.
8. O que não deixa de colocar problemas para uma teoria da cultura inspirada em Cassirer, irrecorrivelmente *Aufklärer*. Mas compatível com Tocqueville que, sem abandonar a perspectiva das Luzes, acaba por reconhecer algo como uma *boa ilusão* como cimento indispensável à prática da democracia.

é visado com a ajuda de Albrecht Wellmer (que também servirá na estratégia neoliberal de Luc Ferry). Nas palavras de Habermas:

> A recepção pelo leigo ou, antes, pelo especialista do dia a dia recebe uma outra direção do que a do crítico profissional, observador do desenvolvimento interno da arte. Albrecht Wellmer chamou-me a atenção para como uma experiência estética, não sendo primeiramente convertida em juízo de gosto, modifica sua medida de valor. Tão logo seja usada de modo indagativo na elucidação da vida, ela entra num jogo linguístico que já não é o da crítica estética. Neste caso, a experiência estética não renova apenas as interpretações das necessidades, à luz das quais percebemos o mundo; interfere, ao mesmo tempo, também nas explicações cognitivas e expectativas normativas, modificando a maneira como todos esses momentos remetem uns aos outros[9].

Digamos que o andamento do argumento dá ao leitor a sensação de uma forte diminuição no teor de negatividade, quando contraposto à tradição da Teoria Crítica. Aliás, Habermas é muito claro ao apontar nessa tradição uma das três faces da filosofia do século XX, que se caracterizam como uma retaguarda do projeto moderno e que exigem assim correção e redirecionamento. Ao lado de Popper que, conservando o ideal iluminista da ciência e de sua conexão com a prática política, deixa de lado a dimensão da estética e de P. Lorenzen que, a despeito de encaminhar a análise lógica da linguagem na direção da prática discursiva e dialógica, também termina por desprezar o domínio da arte, a perspectiva de Adorno exigiria também uma forte mudança de sua linha de tiro:

> Em Adorno – diz Habermas –, inversamente, a enfática pretensão racional se recolheu no gesto de denúncia da obra de arte esotérica, enquanto a moral já não é capaz de fundamentação e à filosofia ainda resta apenas a tarefa de indicar, em discurso indireto, os conteúdos críticos encobertos na arte[10].

---

9. Cf. *Um Ponto Cego...*, p. 119.
10. Idem, p. 111.

Qual exatamente a mudança que se exprime nessa censura parcial à perspectiva do mestre? Otília e Paulo Arantes oferecem uma boa descrição dessa mudança:

> Em duas palavras: a diferença básica entre a Teoria Crítica de ontem e a de hoje consiste no fato de que onde havia Dialética – mais exatamente, uma lógica interna unificando o processo de modernização social – funciona agora um sistema de estratificação categorial permitindo ressaltar ambiguidades, isolar patologias e selecionar vias alternativas, em continuidade, não obstante, com a marcha evolutiva das sociedades industriais. No fundo, a Dialética da *Aufklärung*, que servira de linha de horizonte para esquadrinhar as menores células antitéticas da reificação moderna, não passaria de uma brilhante confusão de diferentes níveis de racionalidade[11].

Talvez seja oportuno acrescentar apenas uma palavra a esse diagnóstico mais do que claro. Há vários anos atrás, tentando caracterizar a originalidade da perspectiva de *Conhecimento e Interesse*, eu dizia: ao contrário de Adorno, ponto de partida de Habermas, a "dialética negativa" deixa de ser inteiramente negativa e volta a flertar com a ideia clássica da Teoria, ainda que essa palavra continue sendo modificada pelo adjetivo crítica. Sem tempo, agora, para melhor definir esse projeto, basta sublinhar que ele passa por uma volta a Fichte e a Hegel, em cujas obras a ideia kantiana de interesse especulativo da Razão é modificada e subordinada ao interesse da Razão Prática[12]. Esse passo era, para Habermas, o feito essencial de Fichte, ou seja, o estabelecimento do primado da Razão Prática: "A organização da Razão é submetida à intenção prática de um sujeito que se põe a si mesmo. Sob a forma originária da autorreflexão, como mostra a Doutrina da Ciência, a Razão é inteiramente prática"[13]. Ora, é justamente esse fundamento que não mais parecerá, logo a seguir, suficiente, abrindo um abismo entre

---

11. Idem, p. 52-53.
12. Cf. Bento Prado Jr., *Alguns Ensaios; Filosofia, Literatura e Psicanálise*, São Paulo: Paz e Terra, 2001, p. 13.
13. Idem, ibidem.

reconstrução racional e reflexão emancipatória, num recuo face ao passo fichteano e na busca de um fundamento transcendental, mesmo se tal fundamento não for mais encontrado no *Ich denke* kantiano mas na linguagem, isto é, na ideia wittgensteiniana de jogo de linguagem e de forma de vida, interpretados de modo universalista[14]. Dessa interpretação da filosofia da linguagem, num viés universalista e fundacionista, à teoria do social como estratificação categorial, a deriva era necessária.

2

Depois desse percurso esquemático, podemos finalmente tocar no alvo último: a maneira pela qual, ao longo dos anos 1980, em reação à eclosão "esquerdista" do pensamento francês dos anos 1960 (fustigada pela nova geração, como no livro *Pensamento 68* de Luc Ferry e de Alain Renault), volta-se a propor um retorno a Kant[15] e ao bom programa racionalista da filosofia das Luzes nos campos da estética, como nos da ética, da filosofia política e do direito.

Interessa-nos em particular, nesta circunstância, o livro aqui já citado de Luc Ferry: *Homo Aestheticus: A Invenção do Gosto na Era Democrática*. Referindo-se apenas episodicamente a Habermas, é visível todavia como sua argumentação passa por quase todos os pontos da argumentação habermasiana, no ensaio que comentamos brevemente. A perspectiva filosófica do autor diverge, é claro, da de Habermas em sua expressão de estilo francamente

---

14. Cf. a respeito dessa mudança David Ingram, *Habermas e a Dialética da Razão*, Brasília: Ed. UNB, 1994. Em nosso ensaio "Erro, Ilusão Loucura" (em: *A Crise da Razão*, São Paulo: Funarte/Companhia das Letras, 1996, p. 111-133) esboçamos uma crítica dessa interpretação universalista do conceito wittgensteiniano de "jogo-de-linguagem", que o transforma em algo de semelhante ao *Glassperlenspiel* de Hermann Hesse, a contrapelo do evidente pluralismo de Wittgenstein e de sua recusa da ideia de metalinguagem.
15. Como Bernstein um século antes, na Alemanha, retornamos a Kant e aderimos à democracia instituída.

neokantiano[16], mas partilha, com ele, a polêmica contra o "pós-modernismo" francês, isto é, contra aqueles que Habermas qualifica de "jovens conservadores", mesmo quando se caracterizaram por seu esquerdismo radical nos anos 1960, em particular após 1968.

Mas o alvo que escolhe não é exatamente as obras de Bataille, Foucault e Derrida, mas sim a de Lyotard, com quem tem a oportunidade de travar dura batalha a respeito do juízo estético ou da interpretação da terceira Crítica de Kant. Nesse debate somos devolvidos à célebre polêmica sobre a filosofia de Kant que opôs Cassirer a Heidegger em Davos, no início da década de 1920. É toda a interpretação da obra de arte como "apresentação do inapresentável", proposta por Lyotard, que é demolida, na medida em que se mostra como deriva de uma leitura equivocada da filosofia de Kant, e que se torna inevitável quando se segue a interpretação fornecida por Heidegger em seu *Kantbuch*. Não cabe, aqui, entrar nos pormenores da polêmica, bastando registrar que Luc Ferry mostra como Cassirer tem razão contra Heidegger e Lyotard, ao privilegiar, ao contrário dos dois, a segunda versão da Crítica da Razão Pura em prejuízo da primeira, porque é justamente lá, e não na primeira edição, que a ideia de subjetividade estaria livre de sua circunscrição puramente "antropológica" ou "psicológica".

Mas a que vêm tais sutilezas filológicas no debate virulento sobre as relações hoje vividas entre as esferas da arte e da estética ou entre a arte e a política? O que se perde, com Heidegger, é justamente o universalismo da ideia de Senso Comum (o *Gemeinsinn* que nada tem a ver com o *Gemeiner Verstand*) do parágrafo 40 da *Crítica da Faculdade de*

---

16. Cassirer é o nome crucial, e seu livro *A Filosofia da Ilustração* fornece, em sua VIIª parte, o fio condutor da história do nascimento da estética no século XVIII desenrolada por Luc Ferry, que se distancia de seu modelo apenas em alguns desenvolvimentos mais longos de pormenor e, particularmente, na correção da datação errada (a que se refere repetidas vezes) que Cassirer faz da obra de Bonhours, situando-o no século XVIII, quando se trata de um teórico da estética do "coração" ou do "sentimento", contemporâneo e adversário teórico de Boileau.

Julgar, que se apresenta como a chave de cúpula e a expressão final do ideal universalista imanente a todo movimento das Luzes. Na terceira Crítica são reconhecidos os direitos tanto do racionalismo da estética clássica como da estética do sentimento que se lhe opunha, bem como do barroco, inaceitável da perspectiva clássica. Mas é sobretudo uma nova ideia de intersubjetividade que aí nasce, substituindo o "monadismo" da circunscrição da subjetividade presente nas tradições adversas do racionalismo e do empirismo. A singularidade do indivíduo não o opõe mais ao universal; o coração da singularidade mais singular não é mais uma ilha, nele está presente "uma faculdade de julgar que em ideia (*a priori*) se atém em sua reflexão ao modo de representação dos demais, com o objetivo de ajustar, por assim dizer, seu juízo à razão humana total, subtraindo-a assim à ilusão que, procedente de condições pessoais subjetivas facilmente confundíveis com as objetivas, poderia exercer influência perniciosa sobre o juízo"[17].

Mas é justamente nesse ponto, onde a estética vem encontrar o seu território próprio ou sua pátria, que a razão prática pode também fazer a passagem ao campo da racionalidade ética e política. Aqui, obviamente, o adversário é o esteticismo e o aristocratismo anti-ilustrados de Nietzsche, que opunha justamente a excelência estética à racionalidade argumentativa, a tragédia grega ou a música à dialética socrática, universalista, democrática e plebeia. Contra o que reage, na verdade, o conservadorismo de Nietzsche? Contra a essência da modernidade ou das sociedades democráticas, tal como afirmada na obra liberal de Benjamin Constant e de Tocqueville[18]. O autor no-lo diz com todas as

17. *Crítica da Faculdade de Julgar*, parágrafo 40.
18. Cf., a propósito, o texto "O que Precisa Ser Demonstrado não Vale Grande Coisa", do mesmo Luc Ferry e de Alain Renault, na obra coletiva *Porque não Somos Nietzschianos*, São Paulo: Ensaio, 1994. Notemos um fato curioso: que tenha sido justamente essa editora, de tradição claramente marxista, a acolher este livro, assim como os demais dirigidos por Luc Ferry e Alain Renault. Além do *Homo Aestheticus*, o livro *O Pensamento 68*, todos eles de inspiração neoliberal.

letras; o que é o "grau zero" da vida, segundo Nietzsche, é o sólido chão da ética e da estética: "Grau zero da vida, pois, já que essa emancipação relativamente ao todo se realiza sob a égide do igualamento de todos; ao me colocar, conforme a concepção kantiana/liberal do direito, como idêntico a todos os outros e ao colocar todos os outros como meus iguais, instauro uma sociedade (a sociedade democrática) onde se acha garantido, por meio do tema dos direitos do indivíduo (esse sufrágio universal que Nietzsche abomina), esse mínimo de independência em que a vontade de potência conhece sua expressão menos elaborada"[19].

Não se trata, para nós, é claro, de fazer a apologia da perspectiva nietzscheana criticada pelo autor, mas de perguntar se não é problemático assumir assim tranquilamente a transparência da democracia realmente existente, desqualificando a perspectiva não nietzschiana da utopia socialista (que não foi desqualificada – muito pelo contrário – pela queda do muro de Berlim), e se não perdemos assim uma visão crítica da cultura de massa ou do império da indústria cultural. Todo o esforço do autor consiste em deslocar toda literatura crítica que visa a deterioração, o esvaziamento e a mercantilização contemporânea da cultura para o campo do diagnóstico conservador da "Decadência do Ocidente", à maneira de Spengler ou de Heidegger, segundo o estilo das "desconstruções antimodernas do liberalismo", para usar a linguagem de Luc Ferry.

É assim que nosso autor pode finalizar sua crítica ao diagnóstico sombrio que Castoriadis faz da contemporânea "cultura capitalista":

> Todo problema, por pouco que reflitamos, se resume em saber se, do ponto de vista da tradição, liberalismo e democracia não são, no fundo, "a mesma coisa" [...] Pois a erosão das tradições e dos valores comuns talvez não se deva, como crê Castoriadis, a um desafeto pelo político ligado ao liberalismo, mas sim a uma reivindicação de autonomia, que vemos com dificuldade como poderia ser o remé-

---

19. Cf. *Homo Aestheticus...*, p. 232.

dio para uma crise da cultura que ela própria ajudou tão poderosamente a gerar. Deste ponto de vista (que se poderia argumentar tanto a partir de Marx como de Tocqueville), o que caracterizaria a cultura contemporânea seria menos sua 'nulidade' do que, precisamente porque tende à autonomia, sua ausência de referência a um mundo, sua *Weltlösigkeit*[20].

Que vem fazer aqui este enquadramento elevadamente "histórico-metafísico" ou "epocal" à maneira heideggeriana na caracterização da perspectiva sociológico-crítica (meramente "ôntica") de Marx e de Tocqueville? É perfeitamente razoável dizer que talvez pudesse haver convergência entre os juízos críticos de Marx e de Tocqueville a respeito do lugar da cultura numa sociedade industrial ou numa sociedade de massas. Mas certamente tal crítica veria nessa banalização da cultura o efeito da falência da democracia e não de sua realização. É assim que Tocqueville, por exemplo, não deixa de traçar um cenário negro para o futuro da América (onde, no entanto…), quando imagina a possibilidade da diferenciação crescente entre patrões e operários culminar no nascimento de uma poderosa aristocracia do dinheiro, cega para os valores da "antiga aristocracia, tais como a honra, dignidade, amor desinteressado pelas artes e ciências, desprezo por atividades que não visassem apenas o lucro etc."[21] Mas esse diagnóstico sombrio (que, de resto, não é o predominante nos escritos de Tocqueville) parece dever mais à análise da natureza da sociedade capitalista do que ao Destino do Ser.

Curiosamente, ao fim e ao cabo, depois de vincular (para melhor desqualificá-la) a crítica de esquerda da cultura contemporânea à óptica conservadora de Spengler e de Heidegger (contraposta à óptica progressista do neokan-

---

20. Idem, p. 339.
21. Cf. Célia N. Galvão Quirino, *Dos Infortúnios da Igualdade ao Gozo da Liberdade; Uma Análise do Pensamento Político de Aléxis de Tocqueville*, São Paulo: Discurso Editorial, 2001, p. 203. Neste livro encontramos uma interpretação de Tocqueville diferente da interpretação doutrinariamente neo-liberal de Raymond Aron, que está na base de todo o raciocínio de Luc Ferry.

tismo), é à ideia heideggeriana (mais precisamente, nietzschiana) de *Weltlösigkeit* que recorremos para apontar uma convergência entre Marx e Tocqueville numa absolvição do presente. Não é escândalo algum que, com a modernização e com a racionalização, a autonomização e a simultânea mercantilização crescente da arte (que não foi contrabalançada pelas vanguardas que, como no surrealismo ou mesmo com Mondrian, queriam reintegrá-la à vida, dissolvendo-a como arte autônoma ou "separada") tenham culminado em algo como seu esvaziamento.

3

Como ficamos ao termo deste itinerário comparativo? O primeiro traço a ser sublinhado, que se tornou evidente ao longo da exposição, é o curioso paralelismo nas duas empresas de apologia do projeto moderno, a despeito da tensão que inevitavelmente o ameaça, com a distância que separa o ponto de partida ainda ligado à tradição da dialética de Habermas do ponto de partida claramente neokantiano de Luc Ferry[22]. Tensão que não impede a aliança no combate comum ao pós-modernismo da filosofia francesa, interpretado de modos muito semelhantes e igualmente pouco caridosos.

Mas a aliança entre o filósofo que guarda, a despeito de tudo, a ideia do compromisso do projeto moderno com a ideia da arte como promessa de felicidade e com o teórico da vertente neoliberal da filosofia das Luzes, convicto do triunfo atual da democracia contra as forças que a ameaçaram no passado, não pode ir até o fim. Habermas guarda a ideia da reativação do projeto moderno pela energia da utopia, enquanto Luc Ferry parece aceitar o curso atual da arte e da cultura como fiéis ao seu ponto de partida ilustrado.

---

22. Não queremos, é claro, projetar injusta e retrospectivamente a responsabilidade dos juízos de Luc Ferry à boa tradição do neokantismo e da filosofia crítica como um todo. À filosofia crítica sempre foi essencial a oposição entre o Ser e o Dever Ser.

De nossa parte, ficamos com o texto desabusado que nos serviu de epígrafe. Sem razões para esperar uma reativação iminente ou futura da arte e sem a convicção de que a cultura que respiramos é a cultura da democracia, reconheçamos que faltam motivos para entusiasmo. Repetindo a frase de que partimos:

> Como nos tempos de Hegel, ninguém está dizendo que a Arte acabou, mas simplesmente que a alta voltagem de uma primeira audição de Schönberg ou a leitura de um texto inacabado de Kafka não se repetirá mais com a intensidade e a verdade de quem se defronta com um limiar histórico.

Que poderia acrescentar eu, consumidor não especializado de obras de arte, neste momento crítico da história das artes e do Império, senão que, também a mim, me parece esdrúxulo (*saugrenu* diriam os franceses) retomar hoje o impulso que já levou a que se cantasse, sem ironia, *tout va très bien, Madame la Marquise*.

MODERNIDADE E MÍDIA: O CREPÚSCULO DA ÉTICA
Olgária Matos

A preocupação com a ética nas democracias ocidentais contemporâneas revela-se por sua presença enfática nas reflexões filosóficas, instituições jurídicas, bioética, ações humanitárias, salvaguarda ao meio ambiente, moralização dos negócios públicos e da política; comparece nos debates sobre a lei do aborto ou assédio sexual, cruzadas antidrogas e no combate antitabagista; encontra-se nas campanhas de caridade e na mídia. Uma tal mobilização instala-se em um espaço deixado vazio pelo eclipsamento da tradição herdada da Grécia, Roma, Jerusalém: a *phylia* grega (laço afetivo das relações no espaço público), o direito civil romano que fazia de todos os homens do Império um cidadão, a herança judaico-cristã das máximas – "amarás ao próximo como a ti mesmo" e "não matarás".

A palavra *ethos* aparece pela primeira vez em Homero, na *Ilíada*, significando toca, caverna, "morada". Antes de referir-se ao caráter ético e à virtude, *ethos* é pertencimento numinoso, a partir do qual construir e habitar são tarefas que participam do sagrado, da indivisão antiga entre os homens, a natureza e os deuses. Na mais modesta casa, o homem imita a obra do deus, "cosmizando" o caos, santificando seu pequeno cosmos, fazendo-o semelhante ao divino. Permanecendo em um lugar determinado e determinável, a maneira de habitar é criação de valores, é *ethos* pelo qual a perfeição dos deuses se prolonga e manifesta-se na ordem e na beleza do universo – o que na Grécia clássica passou a significar busca da harmonia de uma cidade governada pela justiça, na elegância de uma vida de moderação e autarquia. Na ciência, o sentido não é, como na ciência moderna, algo a ser construído, mas decifrado, revelado. Diferentemente da física moderna, a *physis* não é um reservatório de matérias e materiais que o homem submete por ser, na expressão de Descartes, "seu senhor e possuidor". Tudo o que o homem grego consegue saber, quer também viver: é a vida que serve ao pensamento e ao conhecimento e não o contrário. E como o saber contemplativo e não a *vita activa* é o centro de suas especulações, ele "modera", pela razão (*logos*), o desejo imoderado de conhecer. Do olhar do homem antigo ao moderno, J. P. Vernant nos fala, quando narra sua primeira viagem à Grécia, no início de seus estudos de helenista:

> Navegava, à noite, de ilha em ilha; estendido no convés, olhava o céu por cima de mim, onde a Lua brilhava, luminoso rosto noturno que projetava seu claro reflexo, imóvel ou oscilando sobre a obscuridade do mar. Sentia-me deslumbrado, fascinado por aquele suave e estranho brilho que banhava as ondas adormecidas [...]. O que estou vendo é Selene, dizia para comigo, noturna, silenciosa, brilhante [...]. Muitos anos depois, ao ver na tela de meu televisor as imagens do primeiro astronauta lunar saltitando pesadamente com seu escafandro no espaço de uma desolada periferia, à impressão de sacrilégio que senti juntou-se o sentimento doloroso de uma ferida que não poderia ser curada: meu neto, que como todos viu essas imagens, já não será capaz de ver a Lua como eu a vi: com os olhos de um grego. A palavra Selene tornou-se uma

referência meramente erudita: a Lua, tal como hoje surge no céu, não responde mais por esse nome[1].

A modernidade científica e tecnológica do "desencantamento" é a passagem da *vita contemplativa* à *vita activa*. Na modernidade tudo é novo e se passa como previsto, o enigma da questão "por que existe o Ser e não antes o Nada?" é resolvido pela Ciência. Cada vez mais é nossa "vontade de potência" que cria o processo do mundo. Dizer que a modernidade se propôs a fazer a história é minimizar os acontecimentos: no mais profundo de si mesma, a modernidade quer fazer igualmente a natureza, forjando uma segunda *physis* na qual "nada é sem razão", pois o mundo é regido por um "princípio de razão suficiente". Assim a civilização deveria edificar-se em esperanças, segurança e instituições construídas segundo uma medida humana, no domínio das coisas para as quais a ciência nos faz competentes. No entanto, seu resultado é, para utilizar as palavras do filósofo alemão Sloterdjik, o "desespero metafísico".

A modernidade não se pergunta mais "para onde vamos", pelos fins últimos, pelo Sumo-Bem, valores da tradição que constituíram o humanismo ético moderno. Foi Cícero quem, no século II, criou a palavra *humanitas* para falar do povo romano que alcançou sua identidade através do cultivo e da filosofia grega, tornando-se, por meio deles, "fino, morigerado e *humanus*". Humanismo e valores morais reuniam "aquele misto de erudição e urbanidade que só podemos circunscrever", como observa Panofsky, "com a palavra já tão desacreditada, *cultura*"[2]. Sua formulação moderna é a de Kant: "todas as coisas que podem ser comparadas, podem ser trocadas e têm um preço. Aquelas que não podem ser comparadas não podem ser trocadas, não têm preço mas dignidade: o homem"[3].

---

1. J. P. Vernant (org.), *O Homem Grego*, Lisboa: Presença, 1993, p. 8.
2. E. Panofsky, *O Significado nas Artes Visuais,* São Paulo: Perspectiva, 1976, p. 20.
3. Cf. "Fundamentação à Metafísica dos Costumes", *Kant*, São Paulo: Abril Cultural, 1973. (col. Os Pensadores.)

Pode-se dizer que nosso tempo é "pós-humanista". O par conceitual civilização-modernização diz respeito a uma cultura que assim pode ser caracterizada por: cientificismo, isto é, aquiescência sem crítica à Ciência e suas práticas, sem se perguntar se são justas e desejáveis; adesão à ideia de progresso linear e contínuo, ao redimensionamento da razão em sentido tecnológico, abrangendo a economia e a política. A Razão não é mais considerada como livre faculdade de julgar, uma vez que todas as decisões econômico-políticas passam por soluções técnicas –, com o que se abandona o ideal de reflexão, contemplação e autonomia do pensamento; modernização e modernidade dizem também respeito à sociedade de massa, do consumo, do espetáculo e à exaltação do mercado como sucedâneo da busca da felicidade. O que se entende por democracia de massa é, melhor dizendo, a universalização e "democratização" do consumo e dos desejos. A assimilação dos valores de consumo e aquisição de bens materiais pela sociedade de massa substitui o "querer ser" pelo "querer ter"; é um poderoso redutor do pensamento crítico e se estabelece sob os auspícios da mídia que proscreve o esforço intelectual em nome da "facilidade". O estágio atual da democracia midiática é incompatível com as normas e valores que compõem o campo ético. Sua cultura é, para utilizarmos uma expressão de Sloterdjik, a do cinismo. Não o "cinismo antigo", o de Diógnes de Sínope (no séc. IV a. C.) que criticava as convenções sociais e era inseparável de uma moral altiva e de coerência ética, na recusa de todo o compromisso com os costumes de seu tempo. Cosmopolitas, os cínicos recusavam as fronteiras que separam e dividem homens e países, geram as guerras e os assassinatos. Guerras são a experiência do absurdo, uma vez que pelas mesmas razões ora os homens se entrematam, ora trocam medalhas. A ataraxia antiga – a renúncia aos desejos – levou a resultados diversos e opostos: na Antiguidade, a uma conduta de liberdade e autonomia individual, na Modernidade à apatia e à indiferença cúmplices da imoralidade deliberada e sem pudor.

Pode-se dizer que a comunicação midiática veicula e reforça a cultura de uma ética "indolor", a dos atuais tempos democráticos. Novos valores são produzidos e transmitidos pelas mídias: fetichismo da juventude, *fitness* esportiva, cuidados com o corpo, mas sem nenhum ideal do espírito. Esta "mobilização total" da sociedade não mais pressupõe a moral como aperfeiçoamento e libertação individual e coletiva, mas o culto da eficácia e do sucesso. Vivemos uma época do pós-dever, sem obrigações ou sanções morais. Sociedades "pós-moralistas", elas celebram o puro presente, estimulando a gratificação imediata de desejos e pulsões – o que leva a interrogar a natureza mesma das sociedades contemporâneas, a mutação do caráter antropomórfico da sociedade, não mais centrada no homem, no indivíduo, no cidadão, em sua dignidade e liberdade, mas no consumo e no espetáculo.

De início, espetáculo e especulação têm raiz comum e dizem respeito a uma operação do olhar e da linguagem, consistem no ato de ver e dar-se a ver na esfera pública, na Ágora grega, onde indivíduos-cidadãos se reúnem para dialogar e deliberar sobre a justa vida e o bem viver, procurando aquela sabedoria prática, a prudência, que provê a convivência em uma reciprocidade entre semelhantes e iguais. Operação do olhar e da linguagem, o espaço público é a esfera da visibilidade.

A Grécia clássica – a da democracia – inventou o teatro (a comédia, a tragédia), que, como observa Fracis Wolff, "permanece o arquétipo do espetáculo: tudo nele é visto por todos os lados, tudo está manifesto e reveste-se dos sinais exteriores da visibilidade; nele, o 'pensamento' está totalmente voltado para o exterior, como o espaço do teatro se reproduz no espaço da cidade. O orador da assembleia do povo que 'aconselha sua cidade', atrai todos os olhares e brilha por sua *doxa*, no duplo sentido, do ponto de vista que ele tem sobre as coisas (suas opiniões) e do ponto de vista que se tem sobre ele (sua reputação, sua fama). A ética e a política constituem o cruzamento do 'pensamento racional' e da pólis, têm um terreno tão amplo que seus limites se confundem com os limites do humano. A política não passa da realização de si, uma vez que o "si" é relação com o outro"[4].

Já a "sociedade do espetáculo" contemporânea é a da visibilidade absoluta, mas em sentido perverso: é panóptica. O *panópticon* é um projeto carcerário cuja arquitetura foi concebida por Benthan no final o século XVIII. Nele há uma torre circular de vigilância central e uma construção em anel no exterior da torre, com aberturas que não permitem ver o que se passa dentro dela, pois biombos são dispostos entre as salas da torre. O vigia permanece invisível mas seu olhar potencial grava-se na consciência do detento modelando seu comportamento, obrigando-o a internalizar o controle de que é ou não é o objeto, uma vez que pode sempre estar sendo observado. Nesse dispositivo de visão há antes uma "sugestão de visão", o que enuncia uma nova e temível hegemonia dos sistemas de poder. Como Foucault analisa em *Vigiar e Punir*, o indivíduo torna-se dócil, autorregulado em sua submissão a um dispositivo de vigilância, por vezes real, por vezes virtual. No *panopticon*, cada prisioneiro aprende a desempenhar seu papel de prisioneiro diante de um olhar hipotético, e a desempenhá-lo bem. O prisioneiro aceita perder seu estatuto de sujeito agente, para interiorizar o controle, integrando-se a um "Todo" hipnótico. Este panoptismo visa assegurar a visibilidade máxima do conjunto do corpo social ou de um único indivíduo, nada permanecendo na sombra. Nos anos do fascismo, Hermann Broch aproximou, pela primeira vez, o sentido deste panoptismo vinculado à gestão moderna das massas e ao conceito de "pânico", retomado por Sloterdjik em seu livro *A Mobilização Infinita*.

A "civilização do pânico" vincula-se à passividade e à angústia existencial da perda do controle da natureza e do mundo e ao medo da destruição, relacionando-se ao delírio e

---

4. F. Wolff, *Aristóteles e a Política*, São Paulo: Discurso Editorial, 2000, p. 11-14.

não ao campo ético – campo este da escolha, da consciência e da liberdade: "nunca uma época esteve tão disposta a suportar tudo e, ao mesmo tempo, a achar tudo tão intolerável"[5]. A indiferença moral (desresponsabilização do indivíduo) e política (passividade) mantêm relações íntimas com os meios de comunicação de massa. A democracia – como esforço conjunto de ações e deliberações – é substituída por *lobbies* e pelo monopólio das informações disponíveis na mídia. O indivíduo "formado" por ela e ao qual ela se destina não tem pensamento próprio, o que o exime de responsabilidades e contribui para seu bem-estar. Além disso, a mídia requer e "valoriza" um leitor ou espectador por sua incapacidade de concentração e, como escreve Entzenberger, para eles, parece vantajoso não saber e não compreender o que acontece […]. Eles são adaptáveis"[6]. A grande imprensa diária é colagem, montagem de "notícias": "a propaganda militar e o desodorante, a bomba nuclear e a fralda descartável, o assassinato em massa e a ração para animais domésticos se equivalem"[7]. Nesse aspecto, a mídia televisiva é "mídia zero", exige um nada de atenção, um máximo de distração. Ela é a "aproximação tecnológica do nirvana. O televisor é uma máquina budista"[8]. As mídias são desinibidoras da violência, do obsceno (o que não se mostra em cena), do cinismo. Razão pela qual Kierkegaard afirmou: "enquanto a imprensa diária existir, o cristianismo será uma impossibilidade. Em nosso mundo, nada é obsceno porque tudo o é. Dramaturgia da permissividade, não há sequer o que transgredir.

Sua contrapartida ética encontra-se em uma perspectiva humanista renovadora que se contrapõe aos procedimentos da mídia: as artes. Suas narrativas – as da mídia, as das artes – não constituem dois discursos concorrentes, mas duas maneiras de viver e de comunicar, dois planos diversos de existência em uma cultura: a narração dirige-se a uma comu-

---

5. Giorgio Agamben, *Homo Sacer*, Einaudi, 1995.
6. Etzenberger, *Mediocridade e Loucura*, São Paulo: Ática, 1999, p. 49.
7. Idem, p. 68.
8. Idem, p. 81.

nidade, a informação visa um mercado. A opinião pública midiatizada é tocada por imagens e impactos emocionais de acontecimentos, tão intensos quanto breves. Oscila-se entre a indignação e a compaixão, mas não se trata nunca de reflexão e compreensão. Razão pela qual Deleuze escreveu: "vejo no desenvolvimento fenomenal das imagens e das mídias o *après-coup* do pacto rompido com a palavra. A *desbelief* como dizem os ingleses[9]. O humanismo e a ética, diversamente da mídia, encontram-se indissoluvelmente ligados à alfabetização, à educação, à leitura. A educação, formadora do caráter, encontrava nela (na leitura) o procedimento por excelência nobre. Atividade paciente e concentrada é experiência que trabalha nossos medos e nossas esperanças e requer tempo, à distância do tempo acelerado, hegemônico no Ocidente, o tempo dito "real". Proust, em "À Sombra das Raparigas em Flor", narra como, progressivamente, foi-se constituindo para ele a sonata de Venteuil, cujos compassos acompanham toda a *Recherche:*

> [...] esse tempo de que necessita um indivíduo para ingressar em uma obra profunda é como o resultado e símbolo dos anos e, por vezes, séculos que devem transcorrer até que o público possa apreciá-la verdadeiramente [...] Foram os próprios quartetos de Beethoven que levaram cinquenta anos para dar vida e número ao público de suas composições, realizando o que seria impossível encontrar quando a obra-prima apareceu, isto é, criaturas capazes de amá-la.

As obras de pensamento representam partes inteiras de uma vida e de toda uma existência construída de paradoxos, enganos e liberdade. É preciso gerações para recebê--las e interpretá-las – para decifrar a serenidade de Sócrates no momento de sua morte, os êxtases de Plotino, as noites atormentadas das Meditações metafísicas de Descartes. Uma vida examinada nas obras de cultura não pode ser regida pela temporalidade e valores da mídia que impregnam

---

9. Cf. G. Deleuze, *Conversações,* São Paulo: Editora 34.

a cultura e a educação. Todas as obras que se consideram universais no campo da cultura são o resultado de universos que, aos poucos, superando as leis do mundo comum e, sobretudo, a lógica do lucro, se foram consolidando. Dos pintores do *Quattrocento* – que precisavam lutar contra seus clientes para que suas criações deixassem de ser tratadas como mero produto, avaliadas pelo espaço da superfície pintada e pelo preço das tintas empregadas – até hoje a cultura tem sido uma resistência para impedir que a lógica da compra e da venda comandasse os bens culturais. Reintroduzir o reino financeiro em universos que se foram constituindo contra ele é colocar em risco as mais altas realizações da humanidade em seus esforços humanizadores – a arte, a literatura, a ciência, a filosofia. Neste sentido, Burckhardt escreveu sobre os "grandes homens" e os bens culturais: grandes são Platão, Píndaro, Sófocles, Solon, Galileu, Michelângelo, Rafael, mas não os grandes navegadores, porque a América teria sido descoberta, mesmo se Colombo tivesse morrido recém-nascido. Mas a pintura *A Transfiguração* de Rafael não teria sido realizada se ele não o tivesse feito. Grandes são aqueles sem os quais o mundo seria incompleto. Humanismo, pois: a civilização dos costumes e o abrandamento das tendências destrutivas na sociedade e as boas leituras que conduzem à afabilidade, à amizade, à sociabilidade.

O escritor Jean Paul escreveu serem os livros cartas, decerto longas, que se escrevem aos amigos. São eles propiciadores de uma amizade realizada à distância por meio da escrita. Diferentemente das "amizades" da internet, a cultura encontrada nas obras da literatura universal requisita o mundo letrado. Sem a inscrição da filosofia grega em papiros transportáveis, as mensagens longínquas no tempo a que se chama tradição não teriam chegado até nós. Essa amizade dos grandes escritores com o público leitor de suas mensagens representa um caso de amor à distância. Poderíamos dizer que ao humanismo subjaz a crença em uma sociedade literária na qual se descobre, por intermédio das leituras canônicas, um amor comum pelos remetentes que o inspiraram. Só podemos, assim, compreender o ideário do humanismo moderno como tomada de partido de um conflito entre mídias desinibidoras que são, também, desumanizadoras. Que se pense nos entretenimentos desinibidores da mídia e seus filmes-catástrofe. E com isto estamos de volta aos romanos. O que os romanos do tempo de Cícero, os romanos cultos, denominavam com a palavra *humanitas* seria impensável sem a exigência de abster-se da cultura de massa e seus teatros da crueldade.

Tanto para a humanização quanto para a crueldade, os romanos nos legaram alguns exemplos – quando se substituiu o teatro trágico dos gregos e suas reflexões sobre a fragilidade da condição humana – pelos anfiteatros de gladiadores. Política "desumanizadora", os romanos já haviam instituído a mais bem-sucedida rede de meios de comunicação de massa do mundo antigo, com o açulamento de animais ferozes, os combates de gladiadores até a morte e os espetáculos de execuções públicas. Quanto ao humanismo, ao contrário, ele se volta para aquilo que Norbert Elias denominou a "civilização dos costumes", do processo civilizatório que poderia aqui ser compreendido segundo a ideia de influências "inibidoras" e "desinibidoras" da destrutividade social, dos conflitos entre os homens. Por isso, Sloterdjik chama a atenção para o humanismo antigo dizendo que só o podemos compreender como uma tomada de partido de um conflito entre mídias, no caso a resistência do livro contra o anfiteatro, como oposição da leitura filosófica humanizadora – provedora de paciência e criadora de consciência – contra as sensações impacientemente arrebatadoras dos estádios onde se instala a multidão[10].

O embaralhamento da visão e da compreensão dá-se, hoje, na impossibilidade de discernir o real e o virtual. Foi esse o caso quando dos ataques terroristas nos EUA. Em 11

---

10. Cf. *Critique de la Raison Cynique*, Minuit, 1988 e *Proposta Para um Parque Humano*, São Paulo: Estação Liberdade, 2001.

de setembro de 2001, a TV francesa emitia as imagens com o letreiro: "isto não é uma ficção". Se a ficção se confunde com a realidade não é pelo fato de a realidade "imitar" a ficção, mas porque a linguagem televisiva é profundamente realista: realismo" reencenado como em *Linha Direta*, da Globo; pré-fabricado como "pegadinhas" do Faustão; realismo coreografado, como o do multishow ou realismo extremo como *Extreme Reality* (AXN): polícia real persegue um bandido real em carros reais por estradas reais, causando acidentes reais[11]. Tudo se passa como se o realismo desse o sentimento de segurança graças ao qual sentimos a existência palpável e reconhecível das coisas, para que tudo não passe de imaginação ou delírio. O poder de sedução das imagens já fizera, na Antiguidade, Platão expulsar de sua República Ideal o artista para evitar a proliferação das imagens-simulacros, imagens-fantasmas, imagens que substituem seus objetos e se colocam em seu lugar, fazendo-se passar pela realidade daquilo que elas confiscam, pois confundem a memória e a visão, perturbando o jogo aleteico – o exercício da faculdade de bem avaliar. E, arruinando-o, atinge a possibilidade de reconhecer a diferença entre o representante e o representado: as imagens embaralham a visão e o pensamento. O realismo na forma de apresentar a realidade desfaz o efeito do real. Depois do acontecido em Nova York, a TV passou a repetir a mesma imagem. Por excesso de realismo, a imagem torna-se irreal. O sentimento do *deinos*, do terrífico na tragédia grega, e do *unheimlich* – o peturbante, em Freud – se associam: em ambos o sentimento de desrealização, de despersonalização. O aterrorizante, a emoção ligada ao sinistro, sabemos, deve-se a cortes e mudanças inesperadas, na passagem da fortuna ao infortúnio. Na ausência do referente, as imagens são delirantes, pois é próprio do delírio excluir a consciência e não se converter a explicações lógicas; o delírio não é reversível

---

11. Cf., Teixeira Coelho, "Insuperável e Insuportável", *Revista Bravo!*, set. 2001, ano 4, n. 48, p.102.

125

pela prova da experiência – e quando se vive de acordo com ele – pelo pânico da perda do mundo e a angústia do "fim", o delírio pode tornar-se uma ideologia de vida.

As imagens sem o "contexto" inviabilizam a compreensão do trauma, compreensão que poderia realizar o "trabalho do luto", luto que seria a possibilidade de um mundo ético. Se na tragédia antiga dava-se a *catharsis*, a tragédia moderna é sem "sublimação". Que se recorde a "recepção" da tragédia antiga: a construção e apresentação de sensações e emoções e o doloroso movimento de interiorizar conflitos e dores para, ao fim, liberar-se deles, vividos e compreendidos, isto é, transformados.

Sociedade pós-ética é a sociedade "pós-humanista", uma vez que nela os laços telecomunicativos entre os habitantes de uma sociedade de massa não se fazem pela leitura, como vimos, geradora na tradição greco-latina, de amizade, sociabilidade e afabilidade. Criticar a cultura contemporânea requer incluir a crítica à mídia em nome do modelo amigável da sociedade literária. Assim como na antiguidade romana o livro perdia sua luta contra os anfiteatros de gladiadores e todos os teatros da crueldade, hoje a educação formadora do espírito livre, de tolerância e compreensão do outro, está sendo vencida pelas forças indiretas das mídias padronizadoras da sensibilidade e do pensamento.

O ideário humanista separa o que as ideologias nivelam. Se, a civilização ocidental contemporânea realiza, em permanência, cerimônias da destruição – que são ausência de realidade e reflexão, o ato de julgar lhe é, necessariamente refratário, refratário a todo dogmatismo. Dogmatismo – conceber a política como hostilidade a quem pensa diferente: os verdadeiros humanistas [...] não fazem bons vencedores políticos pois são incapazes de aceitar superficialmente a morte do adversário"[12]. O humanismo opõe-se a toda prática dogmática e seu gosto por sacrifícios sangrentos. O dogmatismo que leva às tiranias só conhece a intimidação. Sua contra-

---

12. Camus, conferência inédita, *Jornal do Recife*, 1946.

partida, Camus a encontra no *Livro dos Mortos*: "o egípcio justo era aquele que poderia dizer: 'nunca causei medo a ninguém' para merecer perdão. Assim, jamais encontraremos nossos contemporâneos no dia do juízo final na fila dos bem-aventurados"[13].

No reverso da cultura do ressentimento e da vingança e, à distância dela, o filósofo Lévinas, por sua vez, se refere à ética, valendo-se de um neologismo para significar a necessidade e a urgência de retorno às questões primeiras, à ética, à responsabilidade *a priori* que um tem com respeito ao Outro: excedência é o seu nome. Esta sensibilidade originária ao Outro requer que eu me ponha em seu lugar. Aqui, mesmo as palavras "tolerância" e "intolerância" já não fazem mais sentido, pois não se trata de política e de poder, do vencedor e do vencido, mas de ir além da guerra ou mesmo da paz política. Lévinas considera uma outra figura da paz, *a paz ética*.

A humanidade que, no passado, tinha sua maneira peculiar de apertar as mãos, acha-se extinta no mundo que se considera lógico, em uma época que faz questão de apresentar-se como o império da razão: "os homens podem hoje tudo dominar por si mesmos, escreveu Camus, mas há algo que a maior parte não poderá jamais reencontrar que é a força do amor que lhe foi roubada[14]. Nem valor de uso, nem valor de troca, mas valor de puro afeto é o da hospitalidade. Talvez os homens possam encontrá-la "quando souberem crer que nada está ao abrigo do acaso, quando deixarem de admirar a força, odiar os inimigos e desprezar os infelizes. Duvido que seja para já" (Weil, Simone, "A Ilíada ou o Poema da Força, *La source grecque, Cahiers du Sud*, Marseille, 1941).

13. Idem.
14. Idem.

NA TV, OS CÂNONES DO JORNALISMO SÃO ANACRÔNICOS
Eugênio Bucci

Síntese

A ética na comunicação de massa não pode ser pensada a partir das mesmas balizas que nos guiam para discutir a ética na imprensa. O termo imprensa designa a instituição constituída pelos veículos jornalísticos, seus profissionais e seus laços com o público. Refere-se, portanto, ao relato das notícias e ao debate das ideias em jornais, revistas, emissoras de rádio e televisão, além de sites da internet. Sua ética deve primar pela busca da verdade factual, da objetividade, da transparência, da independência editorial e do equilíbrio. Já o conceito de "meios de comunicação de massa" traz em si, desde a origem, o embaralhamento sistêmico entre fato e ficção, entre jornalismo e entretenimento, entre interesse público, interesses privados e predileções da esfera íntima. A assim chamada "comunicação de massa", além de modificar para sempre a própria natureza da imprensa, tende a misturar os domínios da arte e do jornalismo num mesmo balaio de imposturas éticas, prontas para o consumo, mas inimigas da virtude tanto artística (criar em conformidade com a imaginação) quanto jornalística (falar em conformidade com a verdade factual). Minha contribuição ao seminário vai debater alguns aspectos dessa desordem de coisas e vai tentar pensar possíveis rotas de superação.

Desenvolvimento

Há um jeito fácil, e comum, de lidar com os problemas éticos da chamada comunicação de massa. Esse jeito consiste em dividir os humanos em vilões, normalmente os proprietários dos tais meios, e vítimas, normalmente os outros que não sejam nem os proprietários e nem, é claro, nós mesmos.

Nós, e esse nós designa a todos e a cada um, gostamos de pensar que somos sábios, que já conhecemos todas as mentiras, todos os truques, todas as manipulações que os cérebros malignos arquitetam para manter o seu poder e o seu capital intocados. As vítimas são as massas. Esse olhar bastante usual costuma nos levar a resultados tediosos, como a ideia messiânica de que é preciso devolver às massas sua consciência perdida etc. Ou a ideia de que os tais meios são ferramentas neutras (o problema não está em sua natureza, mas no modo como são empregados), cujo uso, sempre instrumental, pode ser "ético" ou "antiético". Supõe-se, a partir daí, que toda a questão seria resolvida de modo mais satisfatório se passássemos a medir as taxas de honestidade e mesmo a de sinceridade dos donos e dos gerentes da indústria cultural. Fossem eles honestos e sinceros e tudo estaria bem. A ética estaria portanto restrita ao pacto que eles mantêm ou não mantêm com a busca da verdade, com a transparência, com a objetividade e todos sabemos do que mais.

Esse jeito fácil de lidar com o assunto é demagógico. Não no sentido dos gregos, entre os quais a demagogia não designa necessariamente um vício da política, mas uma de suas possibilidades, nem no sentido que Max Weber, no início do século, dará à palavra. Para Weber, é bom não nos esquecermos, o jornalista é o mais destacado representante da demagogia na política, por ser ele quem domina a palavra impressa, aquela por meio da qual a demagogia teria passado a operar seus feitiços, não obrigatoriamente mentirosos.

Aqui, porém, o termo demagogia tem uma outra acepção, mais simplória e mais corrente. Refere-se a uma forma de mentira política: quem reduz o mal-estar ético da mídia contemporânea a uma escolha binária entre verdade e mentira simplifica o problema e alimenta a ilusão de que o complexo formado pelos meios de comunicação e pela indústria cultural poderia, desde que conduzido por senhores bem--intencionados, ser compatível com a verdade. E não é. Esse complexo já encerra em si a função de entorpecer a razão. A demagogia dessa crítica é fazer crer que um bom xerife, íntegro e franco, tomando conta da mídia, daria um jeito na empulhação promovida pelos meios de comunicação. E não daria. Pois a natureza da indústria cultural (conceito aliás que não considero revogado, nem de longe) é incompatível com o projeto da verdade jornalística.

Ou, pelo menos, com a busca da verdade factual, a verdade tal qual ela foi sonhada e projetada pelos ideais do primeiro jornalismo surgido no calor das revoluções burguesas. Esse jornalismo, irmão gêmeo da ideia democrática, floresceu no século das luzes e ganhou substância ao longo do século XIX como a instituição a quem caberia atender ao direito de informação (do público) e dar materialidade à liberdade de expressão (dos cidadãos do público). Acontece que *a busca da verdade, virtude ancestral do jornalismo, é simplesmente incompatível com a lógica dos conglomerados comerciais da mídia dos nossos dias.* A mídia é aqui entendida como o universo formado pelos meios eletrônicos de prevalência global, cuja linguagem é lastreada na imagem ao vivo ou *online*, no qual entretenimento e relato jornalístico se embaralham de modo sistêmico. Logo trataremos mais disso. A busca da verdade era um projeto da razão e os conglomerados há muito se divorciaram da razão. Não porque seus gestores sejam pessoas mentirosas, mas pela própria natureza dos conglomerados e da comunicação tiranizada pela imagem. Onde quer que a notícia esteja a serviço do espetáculo, a busca da verdade é apenas um cadáver. Pode até existir, mas sempre como um cadáver a serviço do "dom de iludir".

É por isso que hoje o telejornalismo no Brasil dificilmente pode ser compreendido como o resultado de um esforço autêntico pela busca da verdade. Há exceções, por certo. Há emissoras de TV pública que desafinam do coro comercial das grandes redes. Há momentos ou coberturas de excelência jornalística mesmo nas redes comerciais, mas não constituem a regra. O negócio do telejornalismo não é o jornalismo. Seu negócio é outro. Seu negócio não é sequer a veiculação de conteúdos. As grandes redes de televisão aberta têm como negócio a atração dos olhares da massa para depois vendê-los aos anunciantes. E esse negócio impõe uma ética estranha à velha ética jornalística. Eventualmente, o telejornalismo pode até se alimentar da busca da verdade, mas não tem aí sua deontologia. Verdade e mentira deixam de ser uma questão central.

Podemos dar logo um exemplo. Onde está a verdade e a mentira num programa como esse *Linha Direta*, da Rede Globo? De um lado, vocês sabem, ele é jornalístico narra fatos empiricamente verificados como reais. É, mais que isso, apresentado e conduzido pela figura de um jornalista, que empresta sua credibilidade ao relato que ali se faz. De outro lado, vocês também sabem, ele se vale de recursos vindos do campo da ficção, como os atores que interpretam, nas reconstituições dos crimes, os agentes verdadeiros que ali teriam tomado parte. Pois então: aquilo funciona como uma forma de ficção que se apoia em acontecimentos reais (assimilados e simbolizados em processos criminais) ou aquilo é uma reportagem que, para ganhar mais poder de convencimento e mais "empatia" com o público faz concessões apenas narrativas às formas ficcionais? *Linha Direta* diz a verdade na linguagem da tragédia de circo ou é um novo formato de entretenimento no qual a verdade factual é apenas um tempero? *Linha Direta* é uma variante dos *reality shows* que hoje assolam a televisão no mundo inteiro com o objetivo de ajudar a polícia a achar suspeitos e foragidos ou é uma nova modalidade de entretenimento no qual os suspeitos e condenados da vida real, de carne e osso, que podem ser até denunciados anonimamente pelo telespectador, entram como um estimulante para apimentar o divertimento? A resposta é híbrida, como o próprio programa, que é tudo isso.

Se pudesse dizer mais, diria que aquilo é uma excrescência moral que mistura a ética da ficção da indústria cultural com a ética do jornalismo para cimentar uma identificação de tipo fascista entre o público e o poder encarnado na TV, poder que se vê alçado à condição de um aparelho de Estado policial. Essa identificação passa pela delação anônima e pela interatividade degradada em alcaguetagem. Poder policial, delação, adesão com base em denúncia anônima, fascismo. Num programa desse tipo, o problema da mentira e da verdade é um problema ético menor. O repórter que apresenta o programa não está, rigorosamente, mentindo. O ator que interpreta um assassino ou sua vítima, com fundo musical e cores em alto contraste, também não está mentindo em seu realismo de delegacia. Em relação ao mundo dos fatos, devemos admitir, o programa não conta nenhuma mentira deslavada. No conjunto, porém, constitui uma falsificação. Falsifica a ordem democrática em ordem policial. E isso menos pelos crimes isolados que tematiza, todos factualmente inquestionáveis, e mais por sua forma, pelas energias sociais das quais se nutre.

Linha Direta corresponde às demandas do público, que trafegam no registro do desejo e não no registro da opinião, da vontade ou da razão. Ao desejo do público ele diz que sim, sim, seremos todos realizados em nosso desejo de vingança, ou de ordem, ou de autoridade. Ao projeto da cidadania ele diz não – a mentira de que a paz social é uma responsabilidade da investigação criminal. A verdade do mercado, tornada critério da indústria cultural não é outra coisa senão a mentira, porque é negação do ideal democrático e republicano. Visto de longe, e não em seus detalhes, o estado contemporâneo da indústria cultural, ainda é, em seu conjunto, o grande edifício da mentira. Se os meios de comunicação de massa dizem a verdade em pequenos fragmentos factuais da "vida como ela é", eles o fazem para melhor mentir. Não porque alguém os tenha planejado assim, mas porque assim eles são como um modo de produção.

Daí ser preciso criticar sem tréguas o estado contemporâneo da indústria cultural. É preciso criticá-lo de fora e criticá-lo de fora é criticá-lo segundo uma formulação que não lhe segue os padrões de temporalidade e de espacialidade. Criticá-lo é formular e articular um discurso que lhe desconstrói, instantaneamente, a impostura fundamental: o nexo de entorpecimento, que busca travar com o público desejante para suprimir o público pensante. Mas é uma crítica efêmera, que dura o tempo que a ferida leva para se fechar. O espetáculo, quando fecha suas feridas abertas pela crítica, absorve os termos da crítica fazendo deles seu próprio tecido. Mas isso será mais complicado de explicar agora, de sorte que essa afirmação passageira ficará parecendo, pois é bom que pareça, um elogio do terrorismo desde que um terrorismo do simbólico.

Falando em terrorismo do simbólico, disse há pouco que havia um jeito fácil e comum de tocar na questão. Agora, devo dizer que há de haver um outro. Existe, com efeito, um outro modo de encarar o assunto. É um modo mais árido, mais difícil e, por vezes, nos conduz a caminhos tortuosos, com labirintos escuros e pistas falsas. Tem no entanto a vantagem de imaginar perguntas menos psicologizadas e menos infantilizadas. Não se trata de saber se os controladores das grandes redes de televisão agem ou não agem em conformidade com boas motivações, nem de investigar seu "caráter" ou sua índole, mas de buscar compreender de que modo a conformação da mídia já cristaliza, em sua simples natureza, padrões que não são apenas tecnológicos, ideológicos, linguísticos ou imaginários, mas também éticos.

Vivemos num período cuja ética talvez seja uma ética pelo avesso, uma não ética tornada práxis normativa. O antivalor é o que dá sentido à virtude, de tal sorte que ambição e agressividade, antes entendidas como paixões menores e viciosas, elevam-se hoje à condição de máximas para a conduta do sujeito. Estamos subordinados a uma "ética" (grafada assim, com aspas) da violência, do lucro, da exclusão e do espetáculo. Aí estão os padrões éticos consagrados na mídia. Agora, a pergunta ética que conta não é aquela que tem por objeto o nível de vigarice de cada um dos indivíduos investidos de algum poder na mídia, ou mesmo do nível de vigarice das chamadas elites ou, se quiserem, das tais classes dominantes (devo dizer, bem a propósito, que a expressão "classes dominantes" eu não sei dizer exatamente o que significa, posto que não sei quantas são essas classes dominantes assim no plural e também não sei dizer quais são elas; conheço apenas uma classe dominante, a burguesia). A pergunta ética que conta é aquela que vai na direção de descobrir a ética ou a não ética que é pressuposto da existência mesma desses indivíduos, ou dessas elites ou dessas classes "dominantes" e de seu modo de agir.

Se tomarmos por base a ética original do jornalismo para entendermos a comunicação de massa, viveremos uma espécie de *tilt* moral, uma paralisia do pensamento, um vazio onde deveria haver formação da vontade e da ação. O jornalismo, como se sabe, funda-se por um direito político e por uma conquista histórica – a ideia democrática de que todo poder emana do povo e em seu nome é exercido, que derruba, por sua vez, a ideia de que o poder vinha de Deus sobre a figura do monarca sob a coroa, sobre o trono e com o cetro na mão. O jornalismo não é instaurado por mercado nenhum. A ideia de empresa privada não é indispensável para a realização do jornalismo – a garantia do direito à informação e da liberdade de expressão, garantias éticas, morais e jurídicas, é que lhe são essenciais. Pode haver jornalismo sem um mercado predominantemente privado de jornalismo. E pode haver bom jornalismo. A tradição do telejornalismo na Europa era hegemonicamente uma tradição de televisão pública. A BBC (rede pública de telecomunicações inglesa), por exemplo, vem de uma sólida tradição de telejornalismo público, não comercial. E, nesse sentido, não é menos que revelador observar que, em relação ao Estado e ao governo, a BBC, em vários episódios dessa guerra movida pelos EUA com o apoio de tropas britânicas contra o Afeganistão, mostrou-se capaz de maior independência editorial que a CNN, uma empresa privada. Lembro o caso porque muitas vezes se diz que a natureza de empresa privada emprestaria ao jornalismo uma condição de independência material frente ao Estado. Pois bem, isso não pode ser entendido, sobretudo em nossos dias, como verdade absoluta. O jornalismo é uma ética antes de ser uma técnica ou um ofício de mercado e é instaurado pela ideia de que o poder emana do povo e de que o público, como conjunto de cidadãos, tem o direito de saber. É porque o poder emana do povo que o povo tem o direito de saber. É por isso que existe o jornalismo como função pública.

O jornalismo põe, assim, uma comunicação voltada para a informação, para a formação e educação do povo para a cidadania, função essa bastante cara aos filósofos do século das luzes, inventores da ideia de opinião pública. O jornalismo é concebido como função mediadora do espaço público, como veículo de argumentos mais ou menos racionais, isto é, que dialoguem entre si a partir dos pressupostos da razão. Assim é que seus valores éticos têm o seu ponto mais alto no compromisso com a verdade, vale dizer, com a busca da verdade, com a honestidade intelectual, com a objetividade. Não se faz bom jornalismo sem a boa-fé tanto da parte de seus praticantes quanto da parte do público. A sua base é a confiança: não de que a verdade será revelada a todos, mas de que os fatos e as ideias serão objeto da mais honesta procura e do mais transparente relato.

Quanto à objetividade, ela talvez mereça uma breve observação. Não se fala aqui de uma objetividade fria e impessoal, mas de uma objetividade jornalística. O jornalismo, que pode ser entendido como a função humana de narrar a aventura humana para os humanos, tudo isso no calor da hora, ou seja, é sempre um discurso de um sujeito sobre um segundo sujeito (sua fonte ou seu personagem) para um terceiro sujeito, o público. Nele, a objetividade se concebe não como a exata descrição do objeto (não como a fala que decorre do objeto), por mais que o esforço de exatidão aí esteja, sempre. A objetividade jornalística é antes o estabelecimento de padrões comuns de entendimento entre sujeitos (narrador-fonte-personagem-público, todos sujeitos), num processo diuturno; no jornalismo, a objetividade só é pensável como o estabelecimento do campo da intersubjetividade. E, mesmo aí, a objetividade é desejável. Há quem diga que a objetividade é simplesmente impossível e ponto. Do ponto de vista jornalístico, não se pode admitir de um profissional da imprensa um tal grau de resignação. Pode-se falar, sim, de um mínimo de objetividade. E isso se pode falar porque se pode falar de um mínimo de relatos que unifiquem o sentido para os vários sujeitos em relação aos mesmos fatos, ou ideias ou ações. O jornalismo tem morada numa das funções (razão de ser) da própria língua. Sua objetividade é tão factível quanto aquela da língua. Portanto, o ideal jornalístico, ao menos como projeto, deveria prosseguir como um ideal racional ainda que, em nossos dias, esse ideal tenha se empobrecido ao ponto mais do reles positivismo.

O ponto é que, como intersubjetividade racional ou como positivismo enrijecido – daquele que afirma ser a mais pura e mais exata e mais impessoal descrição da coisa noticiada, o que não deixa de ser uma impostura –, não importa, a objetividade no jornalismo resulta inteiramente esgarçada com o advento dos chamados meios de comunicação de massa. A ética da informação objetiva, baseada na verdade factual, a ética da busca da verdade vê-se diante de graves desafios. Desafios que, a meu ver, não foram sequer enfrentados na maior parte dos casos: foram apenas mascarados, ou pelo capital, diretamente, ou pela demagogia. Quero localizar aqui apenas dois aspectos desse processo de esgarçamento da objetividade e da verdade no jornalismo com o advento da comunicação de massa: a produção do público enquanto massa e o entrelaçamento do relato factual às técnicas de ficção, quer dizer, à fusão da reportagem com o entretenimento.

A comunicação jornalística dos séculos XVIII e XIX, não obstante fortemente determinada pela literatura (assim como o próprio espaço público burguês é fortemente influenciado pelos saraus literários), era, acima de tudo, uma expressão do público ou dos cidadãos reunidos em público, uma expressão de sua liberdade de opinião, do seu direito à informação e à emancipação pela educação. À medida que o público se revela ele mesmo mercadoria, passível de ser vendido ao anunciante, o que será decisivo para a transformação do jornalismo em indústria, os meios de comunicação se dedicam mais e mais a ampliar seu público, não mais como cidadãos reunidos, mas cada vez mais como consumidores anônimos, dispersos de si, mas compactados enquanto massa. A imprensa aumenta vertiginosamente suas tiragens, as impressoras se agigantam, as revistas e os jornais falam cada vez mais ao consumo e cada vez menos ao cidadão enquanto sujeito de direito e enquanto sujeito político. Os meios eletrônicos de massa constituem o ponto a partir do qual não haverá mais retorno nesse processo, sobretudo com a vinda da televisão.

A imagem, tal como pode ser posta pelo desejo, tiraniza o espaço público. Definitivamente, os olhos do público se tornam mercadorias. Isso não é uma frase de efeito. Eu fiz uma conta, que publiquei no artigo "Quanto Valem os seus Olhos?"[1], e acredito que seria interessante retomar. Os valores são de abril de 2001. Se tomarmos o *Jornal Nacional* como exemplo, veremos que trinta segundos de intervalo comercial saem por 159.520,00 reais. Se você dividir os 159.520,00 reais pelo público de 25.919.461 pessoas – o número preciso vem da pesquisa Ibope-PNT (Painel Nacional de Televisão) de outubro de 2000 –, chegará ao preço do olhar de um único indivíduo durante trinta segundos: cerca de 0,006 centavo. Parece desprezível, mas não é. Se a nossa unidade de tempo não for um fragmento tão mínimo, mas uma hora inteira, o preço do aluguel de um par de olhos subirá, pela tabela do Jornal Nacional, à casa dos 73 centavos. Mais uma operação elementar e eis um resultado interessante: R$ 5,90 é o que custa uma jornada de oito horas do seu olhar. O preço do olhar, no Brasil, em valores do Jornal Nacional, praticamente empata com o preço da força de trabalho mais básica. Se você dividir um salário mínimo, que é de R$ 180,00, por trinta dias, chegará a exatos 6 reais. Quase elas por elas.

No mesmo artigo, eu prossegui com a comparação, notando que o trabalho, diferentemente do olhar, é remunerado, ainda que de modo aviltante. Quanto ao olhar, que a cada dia é mais valioso, vai de graça. Nossa civilização ainda está na era do olhar escravo. Com poucas exceções. Alguns sites promovem vários sorteios por dia como forma de "pagar" pelas pupilas dos internautas. Já se paga, também, pelo aluguel de ouvidos. Desde o ano passado funciona no Rio de Janeiro e em outras cidades brasileiras um orelhão chamado de "fale fácil", que "compra" com impulsos telefônicos a paciência do freguês. Para ter direito a uma chamada de um minuto e quarenta segundos, o usuário se submete a uma mensagem publicitária de vinte segundos. É o escambo auricular. Fora isso, o olhar vai mesmo de graça. Notem que esse mercado dos olhos, que se faz em detrimento dos donos naturais desses mesmos olhos, já é

---

1. *Jornal do Brasil*, 22.4.2002.

um processo que faz parte dessa estranha ética da comunicação de massa. Posso dizer, portanto, que uma verdade da comunicação de massa é o extrativismo natural do olhar. E que essa verdade constitui uma mentira quando posta no plano dos direitos tal qual a democracia os concebe. O segundo aspecto que eu gostaria de apontar, depois do aspecto da transformação do público em massa vendável, é o entrelaçamento, e depois, de vinte anos para cá, a fusão orgânica, do jornalismo com o entretenimento. O jornalismo passa a obedecer, progressivamente, uma ética de mercado, se me permitem o emprego de tão herética expressão, e trabalha cada vez menos para os direitos e cada vez mais para o consumo e para a extração do olhar (uma atividade extrativista primitiva). Disputa ou, como se diz no comércio, compete com os programas de ficção. A partir de então, quando incorpora expedientes ficcionais, passa a fazê-lo não mais como um requinte estilístico ou como arte, mas como um incremento industrial incontornável, obrigatório. Trata-se de entreter ou morrer, o que digo sem nenhum espírito anedótico. A ética do telejornalismo não é mais presidida pela verdade, mas pelo imperativo de extrair olhar.

Depois da confusão (entre jornalismo e entretenimento) vem a fusão. Fusão de capital. De vinte anos para cá, as empresas jornalísticas foram engolidas ou se fundiram com as empresas dedicadas até então ao entretenimento. A tendência global realizou-se com tal velocidade que não pode mais ser vista como um deslocamento isolado de algumas corporações, mas constitui, claramente, uma alteração estrutural do capitalismo: o negócio do jornalismo fundiu-se com o negócio do entretenimento; o capital jornalístico diluiu-se num outro. A fusão mais emblemática talvez seja a aquisição da Time-Warner pela America Online, no primeiro semestre de 2000. A Time-Warner já vinha ela mesma de ser a fusão entre uma empresa jornalística, a Time, com uma outra do entretenimento (cinema, TV, indústria fonográfica). Ao ser adquirida pela AOL, numa operação que envolveu a soma de 160 bilhões de dólares, criou uma megacorporação avaliada, na época, em 320 bilhões de dólares, que, além de entretenimento e jornalismo, envolve telecomunicações. É mais, muito mais do que o PIB de alguns muitos países somados. Assim, dos jornaizinhos de opinião do século XVIII, a mídia se tornou um dos maiores negócios do planeta.

A pergunta que faço é ingênua: para dar curso ao seu ideal, o jornalismo que antes tinha de saber ser independente do anunciante e do governo, pode hoje ser independente do patrão que já não é mais o patrão-jornalista? Pode ser crítico em relação ao entretenimento não aos conteúdos frequentemente idiotas da indústria do entretenimento, mas ao próprio negócio do entretenimento? Pode olhar com distanciamento o próprio negócio no qual se insere? Mais perguntas ingênuas: têm-se visto, no Brasil, o telejornalismo falar criticamente dos negócios envolvidos no setor em que ele está? As concessões dos canais, por exemplo? Elas são outorgadas em nome do cidadão. Por que é que o telejornalismo não cumpre seu dever ético de informá-lo sobre isso? Eu respondo, talvez também com alguma ingenuidade: porque a sua natureza de telejornalismo divorciou-se dos ideais de liberdade e de direitos que lhe asseguram, no plano das conquistas políticas, a existência. Quando não atende acima de tudo o direito à informação, o telejornalismo e qualquer outra forma de jornalismo se convertem em usurpadores.

Onde está a mentira, portanto? Na fala do telejornalismo contemporâneo ou no modo como ele está posto? Sem dúvida, a prática da mentira deliberada e continuada é odiosa nos meios de comunicação. Há muitas formas e muitos exemplos disso, como a conduta da Rede Globo durante a campanha eleitoral de 1989. Mas o fundamental, para quem pensa a ética da comunicação e, de modo especial, numa ética possível para o telejornalismo, é compreender o lugar onde a função pública do jornalismo está sendo abrigada ou, em alguns casos, engavetada. E tirar daí, dessa compreensão, as ações necessárias. Claro, há alguns vilões por aí. Alguns deveriam ser julgados e presos. Mas esse jogo todo não se resolve, como eu disse no início, com a simplificação de acreditar que o mal está a na existência de uns poucos tapeadores e de uns muitos tapeados. O espetáculo, como já disse Guy Debord nos anos 1960, é em si mesmo um modo de produção. Com sua ética selvagem.

CULTURA CONTEMPORÂNEA, CIDADANIA DO MEDO
Newton Cunha

> *Ninguém suporta olhar o tempo futuro:*
> *Ao abandonar a lei e favorecer o ilegal,*
> *Rompe-se o obscuro carro da felicidade*
> HÉRACLES, DE EURÍPIDES,
> comentário do coro, 780

Comecemos por uma rápida definição de violência, apenas repetindo o que de há muito se conhece: que ela constitui uma forma de vínculo humano em que a intenção inicial ou a finalidade buscada passam pelo uso da força – física, psíquica ou institucional –, o que resulta em dano, perda, sofrimento, humilhação ou morte de outra pessoa, então convertida em vítima. Claro que sua extensão social varia enormemente e tanto se manifesta com absoluta evidência, no caso de hostilidades de massa (guerra), quanto de modo íntimo ou reservado, entre apenas duas pessoas.

Para certos autores, como Hobbes[1], a violência – no caso de uma guerra, por exemplo – pode até mesmo excluir a força real, desde que permaneça uma disposição conflituosa manifesta, geradora de medo ou de angústia (mais recentemente, a guerra fria talvez tenha sido uma boa ilustração desse conceito).

Nos tempos que correm, sobretudo na América Latina e na África, a violência urbana não mais distingue formas "clássicas" de exteriorização, como as que poderíamos observar, teoricamente, entre a *guerra* – violência entre Estados ou facções político-institucionais armadas, com propósitos políticos, ideológicos ou econômicos, muitas vezes simultâneos –; o *crime organizado* – violência perpetrada por grupos privados armados com propósitos financeiros imediatos –; e a *tortura* ou a *violação* de direitos humanos – violência de Estados contra indivíduos por motivos frequentemente ideológicos. Tanto isso é verdade que, desde a segunda metade do século XX, *a predominância da violência e das mortes por ela causadas já não ocorre entre corpos militares, mas no enfrentamento entre cidadãos ou entre estes e os corpos policiais encarregados de segurança*. No Brasil (campeão absoluto nas estatísticas), assim como no México, na Rússia e nos Estados Unidos, as mortes violentas são as primeiras causas na grande faixa etária entre 5 e 39 anos (*World Health Statistics Annual*, vários anos da última década do século XX).

Entre tantas causas que buscam explicar o crescimento e a consolidação das formas criminosas de violência e de corrupção, encontramos, de imediato, o costumeiro rosário econômico: desemprego e falta de perspectivas de sobrevivência material, precarização do trabalho e brutal concentração da renda, progressiva exclusão de serviços públicos universais (saúde, previdência, habitação, segurança pública) – o que também significa uma grave limitação ou mesmo a extinção

---

1. *Leviatã*, Série Universitária, Porto, INCM, 1995.

da cidadania substantiva –, e a economia expandida do narcotráfico. Recente pesquisa da Organização Internacional do Trabalho (OIT, 2003) concluiu, por exemplo, que metade da população mundial vive com até dois dólares por dia. Como se os que vivessem com três ou quatro (quantos bilhões?) se encontrassem em situação de dignidade. E a se prosseguir nesse ritmo de pauperização, de abolição de perspectivas socioeconômicas e simultâneo apelo ao consumo, é bem provável que o regime caminhe, de maneira insana, para a sua autodestruição. Essa perspectiva não é fruto de uma visão tradicionalmente marxista, mas sugerida por um defensor da economia liberal que, ao afrontar o nazismo em finais da década de 1930, advertiu seus pares com as seguintes recomendações:

> Quaisquer que sejam as tendências ou correntes políticas escolhidas como exemplos, descobriremos que elas sempre semeiam a sua destruição quando perdem a noção de medida e ultrapassam seus limites. Um sistema econômico livre não é exceção; e somente florescerá e poderá ser defendido como parte de uma ordem muito mais abrangente, envolvendo a ética, a lei, as condições naturais da vida e da felicidade, a política, o Estado e o poder dividido[2].

Recentemente, outro alemão, André Gorz, num de seus últimos livros (*Miséria do Presente, Riqueza do Futuro*), e apesar de uma proposição final otimista, não deixa de mencionar a possibilidade de alcançarmos o estádio de uma "não sociedade", na qual se dissolveriam todos os laços tradicionais de convívio social, a começar pelo trabalho, definido, até há pouco tempo, como eixo central das organizações material e espiritual da vida. Entre os aspectos negativos e mais evidentes da economia política contemporânea está a geração de "massas inúteis", sem outros meios de vida senão o recurso à mendicância ou à agressão.

No que se refere ao crime organizado atual, tudo indica que ele se configure como ação permanente de um grupo

---

2. Wilhelm Röpke, *The Economics of the Free Society*, Chicago, Henry Regnery, 1963.

hierarquizado, o qual detém a capacidade de acumular instrumentos de força e de demonstrá-la tanto do ponto de vista territorial ou sociogeográfico (imposição sobre outros grupos e setores em áreas próximas ou afastadas), quanto político e institucional (enfrentamento, intimidação ou aliciamento de agentes públicos de qualquer natureza e poder – do executivo, do legislativo e do judiciário). Por seu intermédio, todos os objetivos se fundiram: os econômicos, os financeiros, os políticos, os sociais e os axiológicos ou deontológicos. E, simultaneamente, suas formas de organização e de ação: narcotráfico, guerrilha, terrorismo, lavagem de dinheiro, *lobby*, golpe financeiro, roubo, assalto, sequestro e latrocínio. O legal e o ilegal convivem promiscuamente ou se tornam parceiros nas firulas jurídicas, enquanto os crimes organizado e difuso (este aqui cometido por pessoas ou grupos ainda pouco aparelhados e que agem de modo intermitente) passam a diferir apenas na extensão, em seus respectivos graus de alcance.

Para ambos, no entanto, a ideia de vida, como bem supremo, não tem nenhum significado. O único que talvez se conserve seja o de valor-de-troca, mas aproximado ao de resgate. E a ideia de bem pessoal, como propriedade, converte-se em butim. Em seus lugares, valorizam-se a ação da violência, do ganho e da conquista, a todo e qualquer custo, a imposição brutal da vontade, inclusive a mórbida e gratuita, e a concorrência com outros poderes, legalmente constituídos ou não.

No âmbito da cultura e das mentalidades, nos deparamos com o abandono ou o fracasso da educação tradicional das humanidades e a falência da educação moderna e utilitarista para o trabalho (descompasso entre as ofertas da educação e do emprego, ou entre titulação e ocupação); mas também com o vício prematuro e o consumo generalizado de drogas, com os efeitos psicóticos deles decorrentes, com a burocratização assustadora e irritante de empresas privadas e órgãos governamentais (manifestação evidente de desprezo ao cliente e ao cidadão), com a perda ou a ausência de referenciais éticos, os quais incluiriam: a corrupção, a concussão, o suborno, a lavagem de dinheiro sob a égide de empresas "legais", a indistinção entre o público e o privado, a busca discricionária de poder material ou prestígio social, além das submissões legislativa, judiciária, policial e carcerária à impunidade – que decorrem, obviamente, da irresponsabilidade, do proveito, do medo ou da conivência de autoridades e funcionários. O liberalismo dominante e sua disseminação global (a mundialização já prevista por Marx, da *Ideologia Alemã* ao *Manifesto*) reduzem e marginalizam gradativamente o Estado (excetuando-se os imperativos de pagamento das dívidas que tenha assumido com o sistema financeiro), fenômeno que tem resultado na sua incapacidade de regulação social interna. Ao mesmo tempo, assistimos à evolução das patologias da participação política – apatia e abstencionismo eletivos, apoliticismo no âmbito das instituições representativas (partidos e sindicatos).

Criam-se então situações cotidianas e generalizadas de intimidação, de insegurança e de incapacidades institucionais, que caracterizam a nossa contemporânea *cidadania do medo*. Aquela em que as relações ou as mediações sociais acontecem sob uma forte tensão de desconfiança, em que as pessoas pressentem a possibilidade permanente de sua *vitimização* – física e socioeconômica –, em que o espaço público, por definição aberto, tende a se arruinar e a fragmentar-se em espaços privados e, portanto, confinados e excludentes. Corresponde também a um quadro de desagregação de todos os laços de solidariedade, de abandono de instrumentos de proteção social e de projetos futuros. O tempo de vida da cidadania substantiva revelou-se curto. Volta-se a conviver com o sentimento do imprevisto e do abandono. Sob outros impulsos e razões, poderíamos repetir, subjetivamente, o primeiro devaneio de Rousseau: "Eis-me, portanto, sozinho na terra, tendo-me apenas a mim mesmo como irmão, próximo, amigo, companhia"[3].

---

3. *Os Devaneios do Caminhante Solitário*, Brasília, Editora UNB, 1986.

Ao mesmo tempo, mas agora de um ponto de vista objetivo e social, podemos nos lembrar de Alessandro Manzoni. Em *Os Noivos*[4], o autor comenta uma situação típica do século XVII italiano, que hoje experimentamos com redobrado vigor:

> Não era que faltassem leis contra as arbitrariedades privadas. Sobravam, pelo contrário, sanções e penas exorbitantes, para toda sorte de delitos... Mas a despeito disso, serviam apenas para atestar a impotência de seus autores, quando não agravavam os vexames dos cidadãos mais pacatos. A *impunidade organizada* tinha raízes que as sanções não logravam abalar.

Ou seja, a contrapartida do crime organizado confunde-se, necessariamente, com a tolerância organizada ou irresponsável.

Em paralelo a tal estado de coisas, desenvolve-se a difusão simbólica da violência e de sua *glamurização*, realizada pelos meios onipresentes de comunicação de massa e de promoção de espetáculos. Por ser passível de reprodução múltipla e de tratamento lúdico, agônico, converte-se ela (ao lado da pornografia) em mercadoria de consumo fácil e excitante. Esse fato amplia a ressonância social dos comportamentos e ambos os fenômenos tornam-se então *educativos*, no sentido neutro de uma transmissão de forma de vida, de atitudes e de valores. Quer dizer, reafirmam uma cultura que é, ao mesmo tempo, de hostilidade ou de agressividade banalizadas e de *fun morality* (a do narcisismo e a do prazer imediato) facilmente perceptível nas ruas ou nas relações primárias ou formais de todas as classes. Em primeiro lugar, na linguagem áspera, pobre, chula, irônica e sexuada, mesmo quando se pretende amigável ou cordial. Se usarmos a argumentação de Wittgenstein (o das *Investigações Filosóficas*[5]), haveremos de convir que este "jogo de linguagem" (*Sprachspiel*) – tipo de fala, vocabulário e sentido – que é simplista e brutalizado, corresponde a uma

---

4. São Paulo: Abril Cultural, 1971.
5. Rio de Janeiro: Vozes, 1996.

"forma de vida" com características idênticas. Assim é que um de seus aforismos (23) propõe: "o falar da linguagem é uma parte de uma atividade (*Tätigkeit*) ou de uma forma de vida (*Lebensform*)". Esse declínio, conquanto apenas iniciado, já havia sido percebido em meados do século XX por Arnold Gehlen, que assim o justificou:

> Na rubrica do primitivismo dever-se-á, por fim, descrever ainda outro estranho fenômeno da vida cultural moderna, que é a decadência da sutileza do pensamento no domínio linguístico. Faltam, em vastos círculos, as figuras de pensamento ricas de alusões e de conexões, falta a riqueza expressiva do indizível, os requintes estilísticos, as rigorosas concepções com seus tons superiores; tudo tem de ser apresentado de maneira sumária, acessível, mnemônica, taxativa[6].

Por intermédio da linguagem contemporânea, o trato interpessoal abole as diferenças de sexo, de idade ou de papel social e nega, consequentemente, a percepção e o significado daquelas distinções. As múltiplas individualidades, por exemplo, são tratadas todas sob uma só categoria, a de "tio/tia" ou simplesmente "mano/brother/ô meu".

Mais grave, no entanto, é sugerir outra relação na ordem da cultura ou de um estádio já avançado de declínio (de uma civilização tardia). O que queremos dizer é que a situação atual nos remete à seguinte concepção, feita pela psiquiatria transcultural (Arthur Kleinman, Byron Good, por exemplo): *uma sociedade doentia exige de seus indivíduos, ou ao menos de grande parte de seus constituintes, atitudes adequadas à anormalidade mental e comportamental que também lhe caracteriza*. Ou seja, o padrão de normalidade é dado pela enfermidade da qual se padece. Entendimento que nos faz retroceder a Cícero (aqui citado por Montaigne em seus *Ensaios*): "familiarizados com as coisas que cotidianamente vemos, não as admiramos mais e não procuramos entender as causas disso". A violência e o medo encontram-se tão entranhados em nosso cotidiano

---

6. *A Alma na Era da Técnica*, LBL Enciclopédia, 1959.

que não os vemos mais – indivíduos ou autoridades – como anomalias.

Por isso, não podemos nos esquecer igualmente do trânsito alucinado e irresponsável no cotidiano (calcula-se que cada motorista, no Brasil, cometa ao menos duas infrações, diariamente, conforme pesquisa da Universidade Anhembi-Morumbi), da aparência voluntariamente provocativa do vestir e do andar (que entre nós poderíamos chamar de *look* bangu, febem ou carandiru) ou das atitudes reiteradas de vandalismo, depredação e pichação de bens públicos ou privados. A cultura da violência significa que as manifestações reais e virtuais da força, do desafio, do dano, do desrespeito e da irresponsabilidade perante o outro, que em caso extremo chegam ao justiçamento sumário, constituem comportamentos usuais de uma guerra generalizada, já que esta ocorre *tanto no interior da sociedade civil, quanto entre a sociedade civil e o Estado.*

Na qualidade de cidadãos, portanto, já incorporamos a violência como *motu proprio* de atitude, de narração, de transmissão de ideias e de sentimentos, de audição e visão, de jogo e divertimento. Os aspectos da realidade que se refletem em nossos imaginários podem ser perfeitamente distinguidos então quando comparamos duas situações ficcionais da marginalidade infanto-juvenil, separadas por cerca de setenta anos. Referimo-nos, de um lado, à malandragem, à vida de furtos, à revolta social presente em *Capitães da Areia*, cujas consequências não chegam a extirpar, do horizonte de perspectivas, as vocações anunciadas; de outro, à espantosa gravidade, cinismo e impasse absoluto das personagens de *Cidade de Deus*. Entre uma e outra obra, viaja-se da aspereza da vida ao completo barbarismo. Hoje, e anualmente, só no Estado de São Paulo (1999/2002), os fatos notificados à Secretaria de Segurança Pública – que apenas mostram o dorso do tubarão – ascendem a mais de um milhão e trezentos mil, entre homicídios e tentativas de morte, lesões corporais, estupros, latrocínios, tráfico de entorpecentes, roubos e furtos.

Intoxicados pela letargia generalizada do pensamento contemporâneo, admitimos a pobreza como padrão de normalidade socioeconômica, a ignorância como manifestação de verdade, o espontaneísmo como pureza de espírito, a ação voluntária como substitutiva das relações de trabalho, e o absoluto relativismo ético como atributo da liberdade pessoal, pois a ninguém mais devemos satisfações de atos e intenções.

Tudo nos leva, finalmente, a uma contradição de termos. Ou seja, *naturalizamos*, no universo cultural, os conflitos inatos que a civilização sempre acreditou reduzir. Cansados de sublimações psíquicas, regredimos a situações primárias da horda primitiva e abrimos as portas ao livre curso de todas as pulsões. Se em 1929 Freud chegou a atribuir a sensação de "mal-estar na civilização"[7] às repressões e necessárias reconversões libidinais, hoje, provavelmente, ficaria surpreso, e talvez chocado, com os resultados de todas as liberações mentais, econômicas, morais e sensitivas que agora praticamos. Em obra anterior[8], já escrevera a respeito:

> Mas quão ingrato e, principalmente, quão imprudente é o esforço pela abolição da civilização! O que resta, sem ela, é o estado de natureza, muito mais difícil de ser suportado. É certo que a natureza não exige de nós qualquer restrição dos impulsos, antes no-los consente; mas tem ela também a sua maneira eficaz de restringir-nos e mata-nos, fria, cruel, implacável, exatamente pelos motivos das nossas satisfações.

Hoje, ao sul do Equador, vivemos não só o século XVII europeu, mas ainda aplicamos a nós mesmos duas outras teses. A primeira é a de Samuel Huntington[9]:

> O Ocidente conquistou o mundo não pela superioridade de suas ideias, valores ou religião (à qual poucos membros de outras civilizações se converteram), mas, principalmente, pela superioridade na aplicação da violência organizada.

---

7. *Malaise dans la Civilisation*, PUF, 1989.
8. "O Futuro de uma Ilusão", *Obras Completas*, vol. X, Delta, 1954.
9. *El Choque de Civilizaciones*, Barcelona, Paidós, 1997.

A outra se encontra expressa na Ética de Spinoza[10]:

> As afecções (sentimentos) de esperança e de medo não podem ser, por si mesmo, boas. (Elas) não existem sem a tristeza. Com efeito, o medo é uma tristeza, e a esperança não existe sem o medo. Acresce a isto que estas afecções indicam deficiência de conhecimento e impotência de alma.

Eis por que o Brasil tem sido, mais efetivamente ainda nas últimas décadas, o país da esperança.

---

10. *Spinoza*, São Paulo: Abril Cultural, 1978. (col. Os Pensadores.)

POR UMA ÉTICA E UMA POLÍTICA DA AMIZADE
Francisco Ortega

> *É possível uma amizade neste lado do amor que poderia ser procurada e encontrada? Não falo mais do amor – essa palavra e suas convenções tornaram-se odiosas para mim. Mas é possível atingir uma amizade que seja mais profunda, até mesmo de uma profundidade sem limites e, no entanto, sem palavras, sem ideias?*
> LAWRENCE DURRELL, Justine.

Em um estudo já clássico sobre o declínio do homem público, o sociólogo Richard Sennett constatou que a sociedade contemporânea se caracteriza pela "tirania da intimidade"[1], a qual se exprime numa vida pessoal desequilibrada e numa esfera pública esvaziada. Na atualidade,

---

1. Cf. Richard Sennett, *The Fall of Public Man*, New York: W.W. Norton & Company, 1992.

estamos dominados pela crença de que a proximidade constitui um valor moral, o que nos leva a desenvolver nossa individualidade na proximidade dos outros. A ideologia da intimidade transforma todas as categorias políticas em psicológicas e mede a autenticidade de uma relação social em virtude de sua capacidade de reproduzir as necessidades íntimas e psicológicas dos indivíduos envolvidos. Com isso, esquecemos que a procura de autenticidade individual e a tirania política são com frequência dois lados da mesma moeda. É necessária uma distância entre os indivíduos para poder ser sociável. O contato íntimo e a sociabilidade são inversamente proporcionais. Quando aumenta um, o outro diminui; quanto mais se aproximam os indivíduos, menos sociáveis, mais dolorosas e fratricidas são suas relações. Sennett, que foi aluno de Hannah Arendt e reconhece a sua filiação nas suas análises, realça como a filósofa privilegiava uma "cálida impessoalidade" frente à debilidade que reside na procura de refúgio em uma subjetividade encapsulada e voltada para si. Apostar na impessoalidade é apostar em uma vida da exterioridade. Uma vida na exterioridade é uma vida disposta a admitir a diferença e aceitar o novo, o aberto, a contingência, o efêmero, o estranho. Fugir na interioridade à procura de duração, precisão, segurança, é um caminho sem saída que conduz à autodestruição narcisista. O exterior, o fora, constitui uma dimensão construtiva da existência[2].

Essa mesma ideologia da intimidade tenta convencer-nos de que todos os males se devem ao anonimato, à alienação, à falta de comunicação. A filosofia da sociedade "íntima" é a "teoria da ação comunicativa", em que todos os problemas se reduzem a problemas de compreensão causados pelas distorções da comunicação. Comunicação é o conceito básico da moderna teoria da sociedade. Diante do prestígio emancipatório da palavra, o *silêncio* é associado a

---

2. Cf. Richard Sennett, *The Conscience of the Eye. The Design and Social Life of Cities*, New York: Alfred A. Knopf, 1990.

um poder repressivo, turvos segredos, tabus entalados, covardia ou estupidez[3].

Nessa escola do comércio dos homens, (observa Montaigne), notei amiúde um defeito: em vez de procurarmos tomar conhecimento dos outros, esforçamo-nos por nos tornar conhecidos e mais nos cansamos em colocar a nossa mercadoria do que em adquirir outras novas. O silêncio e a modéstia são qualidades muito apreciáveis na conversação[4].

Temos criado uma sociedade que incita à fala, especialmente à fala sobre o sexo, arcano de nossa identidade e intimidade, e que vive nos últimos três séculos "uma explosão discursiva em torno ao sexo". Somos capazes de pagar a determinados indivíduos para ouvirem-nos falar de nós mesmos, uma atividade tão lucrativa que leva alguns a alugar suas orelhas[5]. É preciso buscar ilhas de silêncio no meio do oceano comunicativo, possibilidades de cultivar o silêncio como uma forma da sociabilidade, o refúgio de um simples não ter nada a dizer.

O preço que pagamos pela psicologização total da realidade social é muito alto: a perda da "civilidade", que se exprime na capacidade criativa que todos os indivíduos possuem, sua condição de *homo ludens*, a qual precisa da distância para poder realizar-se. Em sociedades com uma intensa vida pública, como acontecia na sociedade do Antigo Regime, o teatro e a rua mostram diversas semelhanças. Atuar, jogar e agir exigem a existência de convenções, de artifícios e de teatralidade. São sociedades que valorizam a distância, a impessoalidade, a aparência, a civilidade, a urbanidade, a polidez, a máscara, a teatralidade, o jogo, a ação, a imaginação e a duplicidade, ao invés da autenticidade, da intimidade, da sinceridade, da transparência, da unicidade,

---

3. Cf. Jens Soentgen, Don't Speak (No Doubt), em Manfred Bauschulte, Volkhardt Krech, Hilge Landweer (orgs.), *Wege-Bilder-Spiele. Feschrift zum 60. Geburtstag von Jürgen Frese*. Bielefeld: Aisthesis, 1999, p. 271-277.
4. Michel de Montaigne, *Ensaios*. Livro I, cap. XXVI. São Paulo: Abril Cultural, 1972, p. 83. (col. Os Pensadores.)
5. Cf. Michel Foucault, *La volonté de savoir*. Paris: Gallimard, 1976. p. 14.

da demonstração da personalidade e da efusão do sentimento característico das sociedades cuja vida pública foi erodida. A teatralidade e a intimidade se opõem. Apenas sociedades com uma forte vida pública podem valorizar o jogo, a imaginação, a ação e a teatralidade. A procura de autenticidade psicológica torna os indivíduos inartísticos. A sociedade "íntima" rouba aos homens sua espontaneidade, sua faculdade de agir, enquanto começo de algo novo, sua vontade de ultrapassar limites e interromper processos automáticos, de inaugurar e de experimentar. Essa capacidade política do ser humano precisa da distância, da diferença e da pluralidade, que a psicologização da sociedade anula.

Vivemos em uma sociedade que nos incita continuamente a "desnudar-nos" emocionalmente[6], que fomenta todo tipo de terapias, verdadeiras dramaturgias da intimidade. A consequência é a descomposição da "civilidade", entendida como o movimento aparentemente contraditório de se proteger do outro e ao mesmo tempo usufruir de sua companhia. Uma forma de tratar os outros como estranhos, pois usar uma máscara, cultivar a aparência, constitui a essência da civilidade, como modo de fugir da identidade, e de criar um vínculo social baseado na distância entre os homens, a qual não aspira ser superada. O comportamento civilizado, polido, exige um grande controle de si, já que não é coisa fácil conter-se e governar-se a ponto de não deixar transparecer nos gestos e na fisionomia as mais violentas emoções de sua alma[7].

---

6. O que torna nossa sociedade tão infantil, como reconheceu o cineasta Roberto Rossellini: "O mundo de hoje é muito inutilmente cruel. Crueldade é violar a personalidade de alguém, é colocá-lo em uma condição tal que chegue a uma confissão total e gratuita. Se fosse uma confissão visando um fim determinado eu o aceitaria, mas é o exercício de um *voyeur*, de um torpe, reconheçamos, é cruel. Acredito firmemente que a crueldade é sempre uma manifestação de infantilismo", citado em Gilles Deleuze, *Conversações*, Rio de Janeiro: Editora 34, 1992, p.161.

7. Cf. Claudine Haroche, *Da Palavra ao Gesto*, Campinas: Papirus, 1998, p. 25.

Essa faculdade de uma sociabilidade sadia e criativa perde-se na sociedade "íntima". A civilidade torna-se incivilidade, ou seja, essa habilidade tão difundida de incomodar o outro com o próprio eu, de lhe impor minha intimidade. A incivilidade teria como consequências os comportamentos egoístas e narcisistas e o esquecimento do outro, bem como o desinteresse na vida pública que caracterizam nossa sociedade, o refúgio no privado e na interioridade à procura de uma autenticidade, uma natureza original perdida "antes que a arte tenha moldado nossas maneiras", como se lamentava Rousseau, o mais impolido dos filósofos.

Em *A Condição Humana*, Hannah Arendt reconhece em Rousseau o primeiro teórico da interioridade, a qual aparece como uma forma de resistência à introdução do social na esfera privada, a rebelião do coração contra a existência social. Rousseau é também o inventor do amor romântico, que, por ser extramundano, é antipolítico, "talvez a mais poderosa das forças humanas antipolíticas"[8]. Arendt critica o eu da interioridade, do amor romântico, a ideia de procurar a verdade sobre si no profundo de si mesmo, nas emoções, na sexualidade, no amor.

Se na atualidade o amor romântico apresenta-se como o ideal sentimental hegemônico[9], isso acontece porque encarna o ideal que corresponde à nossa realidade antipolítica, isto é, a uma sociedade voltada para a interioridade na procura da verdade, do sentido, da autenticidade, da

---

8. *A Condição Humana*, Rio de Janeiro: Forense-Universitária, 1987, p. 254.
9. Jurandir Freire Costa questiona a validade univesal desse ideal emocional: "A meu ver, é extremamente difícil imaginar outros modos de autorrealização pessoal numa cultura em que o amor romântico se tornou sinônimo de praticamente tudo que entendemos por felicidade individual: êxtase físico e emocional socialmente aceito e recomendado, segurança afetiva, parceria confiável, consideração pelo outro, disponibilidade para ajuda mútua, solidariedade sem limites, partilha de ideais sentimentais fortemente aprovados e admirados, como a constituição da família e a educação de filhos, enfim, satisfação sexual acompanhada de solicitude, carinho e compreensão", em *Sem Fraude nem Favor. Estudos sobre o Amor Romântico*, Rio de Janeiro: Rocco, 1998, p. 101.

satisfação, e que contempla o mundo como sendo hostil a essa busca. A preocupação com o mundo, ponto central da política desde a Antiguidade, foi substituída na modernidade pela preocupação com o homem, a descoberta de si mesmo[10]. Uma preocupação consigo que se traduz na preocupação com a saúde e com o corpo, tornado *alter ego*.

Somente desenvolvendo novas formas de *amor mundi*, no sentido arendtiano, é que, a meu ver, podemos conceber alternativas a esse ideal, criar e recriar formas de relacionamento voltadas para o mundo, para o espaço público, tais como a amizade, a cortesia, a civilidade, a solidariedade, a hospitalidade, o respeito. Todas elas dependem de uma publicidade, de um espaço de visibilidade capaz de iluminar os acontecimentos humanos, de um mundo comum que una ou separe os indivíduos, mantendo sempre a distância entre eles, condição da pluralidade. É nesse sentido que Hannah Arendt contrapõe a amizade à fraternidade no ensaio sobre Lessing, em *Homens em Tempos Sombrios*, pois a amizade exprime mais a humanidade do que a fraternidade, precisamente por estar voltada para o público. Ela é um fenômeno político, enquanto a fraternidade suprime a distância dos homens, transformando a diversidade em singularidade e anulando a pluralidade[11]. A fraternidade é, no fundo, uma forma de comunidade identificatória, na qual, na condição de irmãos, somos todos iguais.

A tradição do pensamento político ocidental constitui-se no gesto de interpretar a esfera do político (da qual a amizade faz parte) em categorias pré-políticas, familiares ou domésticas. A "amizade econômica", familiar, proposta por Aristóteles, é, no fundo, antipolítica, embora ele lhe imprima um caráter político. Ao caráter antipolítico da filosofia política tradicional, isto é, ao uso de categorias pré-políticas para descrever relações políticas, corres-

---

10. Hannah Arendt, *¿Qué Es la Política?*, Barcelona, Paidós, 1997, p. 142.
11. Cf. Hannah Arendt, "Sobre a Humanidade em Tempos Sombrios. Reflexões sobre Lessing", *Homens em Tempos Sombrios*, São Paulo: Companhia das Letras, 1987, p. 13-36.

ponde uma percepção antipolítica da amizade, por seguir o modelo familiar e doméstico. O amigo aparece nos discursos filosóficos da amizade na figura do irmão. Desde Platão e Aristóteles, até Carl Schmitt, o amigo se apresenta como sendo o irmão, o parente ou o afim, como, por exemplo, no *Lísis* platônico: "Vós, se sois amigos um do outro, deveis ser *aparentados* (*oikeiótes*) entre vós por qualquer laço natural"[12]; ou em Montaigne: "É, em verdade, um belo nome e digno da maior afeição o nome de *irmão*; e por isso La Boétie e eu o empregamos quando nos tornamos amigos"[13]. Sendo sempre interpretada em termos familiares, a relação de amizade reproduz, no fundo, uma forma de parentesco. Trata-se, portanto, de uma percepção filosófica da amizade, e não política, pois no olhar da *polis*, na experiência cotidiana de seus cidadãos, a amizade era uma relação política. Traduzi-la em metáforas familiares, como fazem os filósofos, conduz à sua despolitização. De Platão a Heidegger, o pretenso movimento de politização da amizade é simultaneamente um ato de despolitização.

Assim como a fraternidade e o amor apresentam-se como forças antipolíticas, Arendt também crítica a família e o parentesco como modelos de organização política. A sociedade moderna é definida pela autora como uma "administração doméstica coletiva", um "conjunto de famílias economicamente organizadas", uma "família sobre-humana"[14], o que sugere um caráter profundamente antipolítico derivado da compreensão da política segundo critérios familiares: "a ruína da política resulta do desenvolvimento de corpos políticos a partir da família"[15].

Em outras palavras, ao traduzirmos nossas formas de sociabilidade em metáforas familiares, procurando albergue

---

12. Platão, *Lísis*, introdução, tradução e notas de Francisco de Oliveira. Coimbra, Instituto Nacional de Investigação Científica. Centro de Estudos Clássicos e Humanísticos da Universidade de Coimbra, 221e.
13. "Da Amizade", *Ensaios*, *op. cit.*, p. 96 (grifos meus).
14. *A Condição Humana*, p. 38.
15. Cf., *¿Qué Es la Política?*, p. 45-46 (grifos meus).

e fortificação, segurança num mundo inóspito e estranho, através da formação de parentescos e analogias, suprimimos o potencial político nelas contido. A advertência arendtiana é clara: o preço do desejo de segurança e conforto, mediante o estabelecimento de parentescos, é a "perversão fundamental do político", pois suprime-se a pluralidade, condição da política. Carl Schmitt denominou a sociedade contemporânea despolitizada como a "era da segurança", percebendo que existe uma ligação entre segurança e despolitização, assim como entre risco e política. Para os antigos, ser livre queria dizer poder se afastar da família e do lar, que era "não só o lugar em que os homens estavam dominados pela necessidade e coação, mas também, e em estreita conexão com isso, o lugar onde a vida era garantida, onde tudo estava pronto para satisfazer as necessidades vitais". Ser livre queria dizer "estar disposto a arriscar a vida", pois "somente podemos ter acesso ao mundo público, que constitui o espaço propriamente político, se nos afastarmos de nossa existência privada, e do pertencimento à família, a que nossa vida está unida[16].

Mas por que fazemos isso? Por que traduzimos nossas relações de amizade em relações fraternais? Isso decorre, sem dúvida, da inclinação de adaptarmos tudo o que se apresenta como distante e desconhecido ao que nos é próximo e familiar, por meio da formação de analogias. Por isso, as descrições mais enfáticas e emotivas das relações pessoais reproduzem relações de parentesco. Quanto mais significativa é uma relação, mais nos inclinamos a compará-la como relações familiares. Em muitas culturas, o aumento da intensidade afetiva na relação de amizade leva a sua substituição por uma relação familiar: o amigo passa a ser o irmão, como acontece nos discursos filosóficos da amizade. No fundo, trata-se de um medo à diferença, ao aberto e indeterminado, à experimentação, e de uma falta de imaginação.

16. Idem, p. 46, 73-74.

A política é um risco, pois é difícil abandonar crenças, valores ou tradições sem saber o desenlace final. Agir é um início que se define pela irreversibilidade e pela imprevisibilidade, mas, ao mesmo tempo, constitui uma chance, uma forma de sacudir as imagens e metáforas tradicionais, de experimentar e criar novas formas de vida. A noção arendtiana de *natalidade*, isto é, de nascimento, que constitui o pressuposto ontológico da existência do agir, só é realizável se sairmos da esfera da segurança e confrontarmos o novo, o aberto, o contingente, se aceitarmos o encontro e o convívio com novos indivíduos, o desafio do outro, do estranho e desconhecido, sem medo nem desconfiança, como uma forma de sacudir formas fixas de sociabilidade, de viver no presente e de redescrever nossa subjetividade, de recriar o *amor mundi* e reinventar a amizade.

Nesse contexto, cultivar um "*ethos* da distância", introduzir uma distância em nossas relações, não significa renúncia à relação, à comunicação. Trata-se, antes, de levar a sério a incomensurabilidade existente entre o eu e o outro, o que impede sua incorporação narcisista. Em outras palavras, não utilizarmos o amigo para fortalecer nossa identidade, nossas crenças, isto é, "o que somos", mas a possibilidade de concebermos a amizade como um processo no qual os indivíduos implicados trabalham na sua transformação, na sua invenção. Diante de uma sociedade que nos instiga a saber quem somos, a descobrir a verdade sobre nós mesmos, e que nos impõe uma determinada subjetividade, esse cultivo da distância na amizade levaria a substituir a descoberta de si pela invenção de si, pela criação de infinitas formas de existência.

A amizade é, no fundo, um "programa vazio", outra denominação para uma relação ainda por criar, uma metáfora do aberto que pode substituir a família em nosso imaginário afetivo. Não se trata de negar a família como instituição, mas de mudar as políticas que a privilegiam às custas de outras formas de vida, de combater o monopólio que ela exerce sobre nosso imaginário emocional, e de deixar de pensar as relações de amizade em imagens familiares. Uma sociedade como a nossa, que concentra as fontes de segurança psíquica e de suporte material na família, dificulta a invenção de outras formas de vida. Somente um deslocamento da ideologia familística pode promover a variedade, a experimentação de formas de vida e de comunidade, e a multiplicidade de escolhas. Um deslocamento que deveria revitalizar o espaço público, recuperar a atratividade que este tinha antes da total familiarização do privado. Diante de um ideal de felicidade ("o ninho como o melhor cantinho"), que não se reflete na vida de uma grande parcela da população e que provoca todo tipo de frustrações e insatisfações, talvez seja o momento de apostar em outras formas de sociabilidade como a amizade, que, não substituindo a família, possam coexistir com ela, e fornecer um apoio material, emocional e cognitivo que permita uma superação solidária dos riscos. Desse modo, poderemos criar uma amizade sem intimidades, não voltada para a interioridade, para a egologia, a antropofagia, a apropriação narcisista do outro; voltada sim para fora, para o mundo, pois na interioridade (e aqui vale a pena lembrar as palavras de Hannah Arendt), "o máximo que se pode fazer é refletir, mas não agir ou transformar alguma coisa[17].

A liberdade surge no espaço "entre" os indivíduos, como nossa autora ressalta reiteradamente, e esse "entre", "espaço-intermediário", é o mundo:

> O lugar de nascimento da liberdade não é nunca o interior de algum homem, nem sua vontade, nem seu pensamento ou sentimentos, senão o espaço *entre*, que só surge ali onde alguns se juntam e só subsiste enquanto permanecem juntos. Existe um espaço da liberdade: é livre quem tem acesso a ele e não quem fica dele excluído[18].

O mundo compartilhado, a esfera dos "assuntos humanos", é esse espaço entre os homens que deve ser mantido e que

17. Idem, p. 58.
18. Idem, p. 113.

é suprimido, nas relações de parentesco, na família e na fraternidade, ao anular a pluralidade, a singularidade e a liberdade.

Uma nova política e uma nova ética da amizade devem visar precisamente a encorajar essa vontade de agir, a recuperar um certo apelo iluminista à coragem de pensar de uma forma ainda não pensada, de sentir e de amar de maneira diferente. Trata-se de elaborar uma política da imaginação que aponte para a criação de novas imagens e metáforas para o pensamento, para a política e para os sentimentos e que renuncie a prescrever uma imagem dominante, pois isso significaria, no fundo, simplesmente substituirmos um imaginário, que se tornou obsoleto, por outro.

No uso dos termos "irmandade" (*sisterhood*) ou "fraternidade" (*brotherhood*) invocados com frequência por uma variedade de grupos, tais como feministas, antirracistas, homossexuais, anticapitalistas etc., para apelar à solidariedade e descrever vínculos entre os indivíduos que escapam da lógica instrumental e mercenária do capitalismo subjaz uma idealização da vida familiar, a primazia das imagens familiares frente a outros vínculos baseados na livre escolha como a amizade. Por isso, devemos procurar alternativas a esse imaginário ortodoxo dos discursos da amizade, lutar por um novo "direito relacional" que não limite nem prescreva a quantidade e a forma das relações possíveis, mas que fomente sua proliferação.

A minha proposta é um convite a experimentar, a romper, a inaugurar, a imaginar o ainda não imaginado, a criar novas formas de vida e de comunidade. Esta tarefa constitui uma forma de resistência política, pois a ação política define-se também pela procura e fomento de novas formas de subjetivação, de imagens e modelos para pensar e amar. Vivemos em uma época de despolitização que exige uma reinvenção do político, entendido como o espaço do agir e da liberdade, da experimentação, do inesperado, do aberto, um espaço vazio, ainda por ser preenchido: a amizade como exercício do político. A amizade constitui uma nova sensibilidade e uma forma de perceber diferente, baseada no cuidado e na encenação da "boa distância".

As chances de realizar uma ética e uma política da amizade são escassas. É sempre a mitologia familiar que percorre o imaginário relacional, fornecendo um complexo de significado social sumamente expressivo, dominante e unificador. A distância existente entre a imagem da família ideal e a realidade leva inevitavelmente a frustrações e insatisfações. A supervalorização da vida familiar deprecia outro tipo de vida, dificultando a vida fora da família, ao tornar outros lugares, onde as pessoas podem se misturar e viver juntas, parecidos a uma segunda opção numa sociedade constituída segundo uma ideologia familística. Enquanto a ideologia familística permear nossas instituições, nossas formas de ser-com-os-outros, enfim, nosso imaginário emocional, político e relacional, uma ética da amizade terá poucas chances de realização. As oportunidades de cultivar a amizade fora do casamento são reduzidas. Com frequência o cônjuge é o melhor amigo, ou os amigos (normalmente casais) são amigos comuns do casal, o que cria uma situação difícil em casos de separação; os indivíduos se encontram amiúde sozinhos e sem amigos.

A amizade é um fenômeno público, precisa do mundo, da visibilidade dos assuntos humanos para florescer. Nosso apego exacerbado à interioridade, a "tirania da intimidade" não permite o cultivo de uma distância necessária para a amizade, pois o espaço da amizade é o espaço entre os indivíduos do mundo compartilhado, espaço da liberdade e do risco, das ruas, das praças, dos passeios, dos teatros, dos cafés, e não o espaço de nossos condomínios fechados e nossos *shopping-centers*, meras próteses que prolongam a segurança do lar. Daí que um deslocamento da ideologia familística e a correspondente reabilitação do espaço público permitiriam que uma estilística da amizade fosse um experimento social e cultural plausível. Intensificando nossas redes de amizade podemos reinventar o político. Cabe a nós aceitar o desafio de pensar a amizade para além da amizade mesma, de imaginar metáforas e imagens para nossas relações de amor e amizade, de usufruir o sabor doce dessa nova amizade.

O DESAPARECIMENTO DOS MONSTROS
Jean-Jacques Courtine

Gostaria de lhes contar uma cena que presenciei, em Paris, alguns anos atrás. Essa cena se passa no metrô, na estação Saint Michel. Um homem aproxima-se do vagão, trazendo nos braços uma espécie de pacote pesado. Abre a porta* do trem e deixa o pacote cair no chão. Imediatamente, o embrulho se desdobra e começa a mover-se. Os passageiros, atônitos, imobilizam-se. Não se trata de um objeto, mas sim de um ser humano, um homem-tronco, que se desloca sobre os braços à semelhança de Johnny Eck, o personagem cuja imagem foi preservada pelo filme *Freaks*, rodado em 1932, por Todd Browning.

Eis que um monstro irrompeu subitamente, em pleno dia, num vagão de metrô de uma estação do bairro do Quartier Latin. As portas se fecham, e o metrô parte no-

---
* As portas dos trens mais antigos do metrô de Paris não se abrem automaticamente, e sim através de uma manivela. (N. da T.)

vamente. Uma transformação extraordinária se produziu, então, entre os passageiros: alguns, prontos para saltar do vagão na parada seguinte, aglutinam-se apressadamente diante da porta mais distante do homem sem pernas. Outros se escondem em seus livros ou desaparecem por trás do jornal. Os mais indiferentes se contentam em olhar para o teto. Fico estupefato, menos em razão da inquietante aparição do que pelo pânico silencioso que ela desencadeou: diante desse corpo monstruoso, as conversas silenciaram e os olhares se desviaram. O vazio se fez em torno de um monstro humano. Tal fato despertou em mim a vontade de compreender as origens e as causas desse constrangimento instantâneo, desse embaraço coletivo, desse frenesi de afastamento e esquiva. O que poderia justificá-los, uma vez que pregamos a solicitude para com a doença, e a compaixão pela deficiência? De onde vinha, então, essa emoção súbita diante daquele corpo disforme?

Dessas questões nasceu o projeto de um livro, e desse projeto, uma vasta pesquisa histórica sobre o espetáculo dos monstros no espaço cultural ocidental[1]: em que momento a exibição da monstruosidade humana, anteriormente um dos divertimentos preferidos nas feiras parisienses do Antigo Regime e nas feiras de diversões do século XIX, se tornara problemática, e depois impossível? De que maneira surgiu esse constrangimento coletivo que eu testemunhara, e que manifesta uma transformação fundamental das sensibilidades em relação ao olhar dirigido à deformidade humana, no Ocidente? Tais questões, a meu ver, têm toda a pertinência no contexto de um encontro que analisa a relação ética com o corpo.

No dia 7 de abril de 1883, os Serviços de Direção da Polícia* de Paris receberam o seguinte requerimento:

---

1. *Le crépuscule des monstres. Savants, voyeurs e curieux, XVI-XXème siècle*, Paris: Seuil ("L'univers historique").

* A Préfecture de Police de Paris é o órgão que abriga os serviços de direção da polícia municipal, jurídica e econômica. (N. da T.)

Venho por meio desta solicitar-vos a autorização de exibir, em uma das praças de vossa cidade, quer em uma barraca quer em um salão, um fenômeno dos mais extraordinários: duas crianças ligadas por um mesmo tronco. Elas têm cinco anos de idade, estão vivas, possuem duas cabeças, quatro braços, um só tronco e duas pernas. Os indivíduos em questão nunca foram exibidos em Paris, mas já estiveram nas maiores cidades da Itália e da Áustria, da Suíça e em inúmeras cidades da França[2].

A carta é assinada por Battista Tocci, que se apresenta como pai destas duas "crianças-fenômeno". Tocci pai e sua monstruosa progenitura esperam um veredicto administrativo "rápido e favorável".

Uma pequena empresa familiar – Tocci empregava mais três pessoas – excursionava pela Europa exibindo o corpo monstruoso de um de seus membros, e lucrando com isso. Entregues a uma existência nômade, deslocavam-se de acordo com a curiosidade pública pelas deformidades corporais, cuja exposição tinha seus lugares próprios: frequentemente, barracas ou carroças de feiras; ocasionalmente, a sala dos fundos dos bares ou o palco do teatro; excepcionalmente, uma sala de estar particular, para apresentações privadas. Também encontravam, eventualmente, refúgios de respeitabilidade duvidosa, ou abrigos ainda mais precários: em 1878, ao chegar em Paris, um certo Alfred Claessen, empresário de monstros da América do Norte, quis exibir uma "menina-macaco da Albânia", juntamente com os animais do domador Bidel, que viviam numa espécie de zoológico no bulevar de Clichy. Foi numa mercearia abandonada de Mille End Road, escura e vazia, que o Dr. Frederick Treves, cirurgião do Hospital de Londres, viu John Merrick, o homem-elefante[3], pela primeira vez, num cenário empoeirado

---

2. Arquivos da Préfecture de Police de Paris [APP]. Código DA/127. Arquivos Tocci. Peça 1.
3. Sir Frederick Treves, *The Elephant-Man and Other Reminiscences*, Londres: Cassell, 1923; consultar também Ashley Montague, *The Elephant-Man: A Study in Human Dignity*, Nova York: Ballantine, 1971, p. 13-38.

e repleto de entulhos. Nessa mesma época, Alphonse Daudet relata que não era raro encontrar expostos, nos campos abertos das feiras, "monstros, acidentes da natureza, todo tipo de excentricidades, curiosidades [...] encobertas apenas por dois grandes lençóis pendurados numa corda, com o mealheiro sobre uma cadeira"[4]. Essa curiosidade errante encontrara, enfim, sua geografia e seu calendário: os "fenômenos vivos", "curiosidades" ou "erros da natureza" eram assíduos nas festas populares que distraíam anualmente os burgos modorrentos do interior ou com mais frequência, vinham apimentar a vida quotidiana do público das grandes cidades.

Aproximadamente um século nos separa da chegada, a Paris, de Giovanni e Giacomo Tocci, que a natureza havia tornado inseparáveis. No entanto, a simples evocação do espetáculo, do qual eram então os atores involuntários, parece chegar a nós de um passado muito mais remoto, de uma era extinta da cultura popular, de um tempo arcaico e cruel da curiosidade. O público abandonou as atrações às quais acorriam as multidões de outrora, nos "entra e sai"[5] da *Cours de Vincennes* e da *Foire du Trône*. Nessas festas do olhar que caracterizavam os ajuntamentos de diversões populares do século XIX, a curiosidade pelas monstruosidades humanas movia-se à rédea solta. Os olhos pousavam

---

4. "La foire aux pains d'épices", *Le Réveil*, 12 de janeiro de 1880.
5. Nas festas populares do século XIX, denominava-se *entre-sort* (literalmente "entra e sai", pois nela se entrava e dela se saía quase imediatamente) a barraca na qual os fenômenos, reais ou forjados, eram apresentados aos curiosos. A apelação corresponde ao que se chamava de *side-show* na América do Norte, no século XIX, designando as tendas anexas que acompanhavam o circo, assim como as barracas das feiras, dos carnavais ou dos parques de atrações. O termo *freak-show* era reservado à exibição de curiosidades humanas. Entretanto, tanto em inglês quanto em francês, os termos *freak*, *curiosité* e *phénomène* abarcavam exibições corporais bastante diversificadas: enfermos e deficientes físicos, etnias longínquas, tatuados, engolidores de espadas e, frequentemente, simples fraudes, mais ou menos engenhosas. Cf. R. Bogdan, *Freak-Show, Presenting Human Oddities for Amusement and Profit*, Chicago: The University of Chicago Press, 1988, p. 3 e p. 25-68.

sem vergonha sobre as esquisitices anatômicas: "fenômenos vivos", deformidades humanas ou animais extraordinários das barracas, morfologias exóticas, espécimes em bocais ou patologias sexuais dos museus de cera da anatomia; truques e ilusões de ótica: "decapitados falantes", "mulheres-aranha" ou "mulheres lunares"; museus realistas, com suas ocorrências sangrentas ou seus episódios sobre a vida nas colônias penais. Nos confins de uma antropologia ingênua, de uma feira de órgãos e de um museu de horrores, o espetáculo dos monstros era lucrativo.

Atualmente, é difícil conceber a força atrativa que a teatralização dos fenômenos nas feiras populares exercia sobre a cultura visual da segunda metade do século XIX. Em Paris, os curiosos se empurravam e as barracas se multiplicavam astronomicamente na Foire du Trône, de 1850 até a última década do século. As exibições teratológicas, que nela se multiplicam rapidamente, transbordam os limites da feira, espalham-se pelos bulevares, povoam permanentemente os novos locais de prazer e ameaçam invadir a cidade[6]. Mesmo entusiasmo na Inglaterra: os londrinos lotam os trens e vão passar o dia contemplando as estranhas criaturas exibidas nas feiras de Croydon e Barnet[7]. Em Nova York, o Museu Americano, fundado por Phineas Taylor Barnum, em 1841, em pleno centro de Manhattan, viria a ser a atração mais

---

6. É impossível estabelecer o recenseamento das curiosidades humanas que foram exibidas em Paris, ao longo do século XIX, devido à quantidade, à precariedade e à dispersão que caracterizaram tais exibições. Contudo, podemos ter uma noção de alguns espetáculos de fenômenos que impressionaram suficientemente os contemporâneos a ponto de permanecer na memória do século: basta consultar as listas anuais de tais espetáculos estabelecidas por Charles Simond em *Paris, 1800-1900*, 3 vols., Paris: Plon, 1900.

7. Conferir: R. Malcolmson, *Popular Recreation in English Society*, 1700-1850, Cambridge, Cambridge University Press, 1973; P. Bailey, *Leisure and Class in Victorian England*, Londres: Routledge & Kegan Paul, 1978; H. Cunningham, *Leisure in the Industrial Revolution*, Londres, Croom Helm, 1980; J.K. Walton & J. Walvin, (dir.), *Leisure in Britain*, 1780-1939, Manchester, Manchester University Press, 1983; P. Stallybrass & A. White, *The Politics and Poetics of Transgression*, Ithaca: Cornell University Press, 1986, p. 27-43.

frequentada da cidade e, provavelmente, uma das mais populares do país[8]. Nelas, os monstros constituem o ponto alto do espetáculo: no imóvel da Broadway, passava-se o domingo em família, faziam-se piqueniques perante gigantes, anões, albinos e siameses, para a alegria das crianças e a edificação de todos. É preciso insistir: tais distrações não eram nem duvidosas nem confidenciais, como a percepção anacrônica atual poderia sugerir. O que Barnum inventou – essa aclimatação de monstros num centro de diversões que organizava conferências, apresentava demonstrações científicas, propunha espetáculos de magia, de dança e peças de teatro – não passava de uma "Disneylândia" da teratologia, uma resposta da época a questões que nunca deixaram de surgir desde então: como distrair os habitantes da cidade, como fazer frutificar este grande mercado do olhar, latente nas multidões citadinas da era industrial? É essencial frisar que o espetáculo e o comércio de monstros, longe de ser uma atividade marginal, serviu de campo de experimentação para a indústria do divertimento de massa na América do século XIX.

Com efeito, tanto na Europa quanto na América do Norte, as feiras de diversões constituíram uma primeira versão de um laboratório de fantasmagorias, que o século XIX aperfeiçoará pouco a pouco ao constituir uma indústria da diversão de massa. Nesse aspecto, o caso americano é exemplar: em 1853, a organização da exposição universal de Nova York é confiada a Barnum, o fundador do maior museu popular de teratologia. Entre os diversos espetáculos teatrais ou musicais, Barnum imediatamente quis incluir uma galeria de malformações anatômicas. O gênio de Barnum é especificamente americano: enquanto as atividades nas festas populares francesas permanecem num

---

8. De 1841 a 1868, ano em que o museu foi destruído por um incêndio, estima-se em 41 milhões o número de seus visitantes. Conferir R. Bogdan, ibidem p. 32-35; N. Harris, Humbug, Chicago, The University of Chicago Press, 1973; e P. T. Barnum, The Life of P.T. Barnum, Nova York: Redfield, 1855; Struggles and Triumphs, Nova York: American News Company, 1871.

estágio artesanal, apesar de formas de concentração mais acentuadas na virada do século, Barnum é um empresário capitalista moderno, o primeiro de uma longa linhagem de industriais do espetáculo. Antes dele, o monstro era pouco mais do que uma esquisitice celibatária, propiciadora de um lucro marginal numa pequena economia da curiosidade; depois dele, tornou-se um produto dotado de um valor agregado considerável, passível de comercialização num mercado de massas, capaz de satisfazer uma demanda crescente e de suscitar incessantemente novos apetites do olhar[9].

Sob esse aspecto, Disney será o herdeiro direto de Barnum: mesmo senso de organização, mesmo talento publicitário. Um Barnum, porém, que saberá, em tempo hábil, substituir a mulher barbada por Branca de Neve e retirar os sete anões do estrado duvidoso do *freak-show*, reciclando-os no universo asséptico da representação cinematográfica. Na árvore genealógica dos personagens familiares que povoam o mundo adorável e protetor das ficções infantis, não é preciso voltar muito no tempo para descobrir os estranhos primos que viviam nas barracas do "entra e sai". Das barracas, feiras e "museus" de outrora aos parques de atrações de hoje realizou-se uma metamorfose, que podemos chamar de pasteurização das formas de divertimento popular, à medida que se desenvolveu uma indústria de distrações de massa. Diante do apogeu, crepúsculo e eventual desaparecimento dos monstros das feiras, deparamos com um momento essencial desta mutação visual da cultura popular.

Com efeito, gradualmente, os olhares passaram a hesitar na estrada da festa, matizaram-se pelo constrangimento e depois desviaram-se. A curiosidade que, há tanto tempo, era sentida com uma espécie de alegre inocência, tornou-se suspeita, e seus prazeres foram considerados mórbidos: a

---

9. Esta mudança foi considerável. Antes de sua incorporação aos museus, as curiosidades humanas flutuavam de modo precário e desarraigado. Ao se vincularem aos museus e, mais tarde, aos circos, os monstros e suas curiosidades foram assimilados por uma indústria em pleno desenvolvimento, a indústria do divertimento popular. Cf. R. Bogdan, op. cit., p. 34.

ciência dos monstros, pacientemente elaborada pelo século XIX, vai reivindicar a posse de seus objetos, destituindo tal curiosidade de qualquer legitimidade "científica" que ela porventura ainda atribuísse a si mesma. A literatura teratológica floresce ao longo de todo o século[10]: médicos, naturalistas e antropólogos se debruçam sobre a questão dos fenômenos: examinam-nos, apalpam-nos, medem-nos, descrevem-nos e deles se apropriam. Quanto às autoridades administrativas, sacodem o pó de uma longa indiferença e subitamente passam a se preocupar com os perigos aos quais a exibição de curiosidades expõe a ordem e a moral pública. Querem enquadrá-la e, em seguida, querem vê-la desaparecer. Manifesta-se uma nova sensibilidade por essas deformidades tais como "mulheres-macaco"e "homens-elefante", que vivem a miséria de uma existência precária sobre os palcos dos teatros das feiras. Pouco a pouco será reconhecida a humanidade e experimentado o sofrimento desses grotescos agrupamentos que provocavam a estupefação e a repulsa, das formas torturadas sobre as quais choviam chistes e impropérios, das feiúras bestializadas que suscitavam medo e, por vezes, excitavam a crueldade. Esta será uma das descobertas científicas, literárias e estéticas do século XIX: os monstros têm uma alma, são humanos, terrivelmente humanos.

Surgem então formas inéditas de interesse, que chegam ao ponto da admiração arrebatada: o século XIX terá suas curiosidades célebres; anões conhecerão a glória; siameses conquistarão a fortuna; gigantes encontrarão o amor; monstros serão vistos à mesa com os reis. Na época vitoriana, proliferam as encenações romanescas da monstruosidade. Suas raízes são antigas, subitamente renovadas por uma conciliação poderosa e ambígua entre o voyeurismo e a compaixão. A própria rainha Vitória, tão pudica, encanta-se com Charles Stratton, o "General Tom Pouce" fabricado por Barnum. O monstro já era uma conhecida e inesgotável fonte de

10. Desde os trabalhos de Geoffroy Saint Hilaire pai e filho, entre 1820 e 1840; sobre este assunto, conferir, entre outros, J-L Fisher, *Monstres, histoire du corps et de ses défauts*, Paris: Syros Alternative, 1991.

ficção literária, ao longo de todo o século XIX. Entretanto, sua notoriedade estende-se muito além daquela desfrutada pelo corcunda que assombrava as torres de Notre-Dame de Paris. Inventa-se uma abundante vida sentimental para o general em miniatura. A imprensa popular apropria-se dela, tanto na Europa quanto na América do Norte, concedendo--lhe um eco comparável àquele reservado aos romances dos membros da coroa. Alexandra, Princesa de Gales, vai tomar um chá com John Merrick, o homem-elefante, no Hospital de Londres, a instituição que o acolhera. Envia-lhe uma foto com dedicatória, que será colocada em destaque sobre a cabeceira desse homem desafortunado. Ele escreve para ela, demonstrando sua gratidão. Tem início uma correspondência. As classes médias britânicas, comovidas às lágrimas, oferecem abundantes doações. Em suma, o amor pelo órgão bizarro e o apetite por traços disformes difunde-se tanto na literatura erudita[11] quanto no interior da alta sociedade. Ocasionalmente, chegam a penetrar o universo fechado dos álbuns de fotografia, na categoria dos objetos divertidos ou curiosos – curiosa vizinhança para os retratos de família. Cada época tem seus fetiches: o final do século revelará os seus nos palcos obscuros das barracas do "entra e sai".

O apogeu dos monstros anuncia, contudo, seu próprio declínio: a partir dos últimos anos do século, um teatro muito antigo da monstruosidade corporal verá seus frequentadores partirem um a um; os espectadores tornar-se-ão cada vez mais raros[12]. Depois, o comércio dos fenômenos

---

11. A literatura erudita que a época vitoriana consagrou às anomalias corporais, à semelhança de seu objeto, é gigantesca. Encontramos uma sumária e um tanto anedótica recapitulação no livro de Martin Howard: *Victorian Grotesque*, Londres: Jupiter, 1977; uma vasta compilação científica de época pode ser encontrada em G. Gould & W. Pyle, *Anomalies and Curiosities of Medicine*, Nova York: Bell, 1896.

12. R. Bogdan situa mais tarde, em torno dos anos de 1940, o verdadeiro declínio do comércio de monstros na América do Norte. Quanto à França, os primeiros sinais são perceptíveis muito antes. Cf. R. Bogdan, op. cit., e também "Le commerce des Monstres", *Actes de la Recherche en Sciences Sociales*, 104, setembro de 1994, p. 34-36.

diminuirá rapidamente nas primeiras décadas do século xx, periclitando depois da guerra, tanto na Europa quanto na América do Norte. Nem por isso a exibição da deformidade desaparecerá: o espetáculo dos monstros vem satisfazer necessidades psicológicas demasiado profundas e inscreve-se numa cultura visual muito antiga para volatilizar-se tão completamente. Mas a curiosidade gosta de perambular. Os olhos buscarão sensações novas e o público desejará outras distrações: a indústria do divertimento que se instaura na virada do século é urbana, técnica e moderna. Seus dispositivos alterarão a antiga cultura da curiosidade que até então assegurara o sucesso dos espetáculos populares: seus atrativos parecem subitamente artificiais, suas novidades parecem gastas e seus truques, primitivos. O declínio da teatralização dos monstros é contemporâneo da invenção do cinematógrafo.

No entanto, o próprio cinematógrafo constitui, por sua vez, o resultado de uma longa série de inovações técnicas que renovaram a produção de ilusões óticas ao longo de todo o século xix: sucesso do panorama e do diorama, invenção da fotografia, reprodução mecânica e proliferação de imagens, emergência da publicidade, mas também as "fantasmagorias" das ruelas e das grandes lojas, vistas pan-ópticas das exposições universais, canalização do olhar dentro dos museus... O sentimento da vida citadina é, dessa forma, acompanhado pela imersão num universo visual onde os olhos dos transeuntes são solicitados e orientados, como nunca antes haviam sido, por dispositivos inéditos que transformam profundamente as maneiras de ver, deslocando a posição do sujeito que observa, multiplicando os ângulos da curiosidade, modificando progressivamente os apetites visuais do público e preparando os olhares para um outro exercício dessa inesgotável atração pelo grotesco e pelo disforme. O monstro abandonará o palco e invadirá as telas. Nunca deixou de ocupá-la desde então.

Aí se encontra a pertinência histórica de um fato aparentemente insignificante – cujos traços foram conservados por arquivos históricos –, ao qual podemos voltar neste ponto: uma autorização de exibição, solicitada às autoridades de Paris em 1883, por um cidadão italiano que praticava o comércio itinerante de uma aberração genética. A sorte reservada a essa requisição, então rotineira, prenuncia a grande transformação das sensibilidades em relação ao espetáculo do corpo e de suas deformidades.

Com efeito, a Direção da Polícia opor-lhe-á uma recusa categórica. "Não concordo com a exibição pública de tais monstruosidades. Isso compete exclusivamente à Faculdade de Medicina", é a negativa peremptória do funcionário responsável. Nela reside todo o interesse do caso Tocci, revelador do momento em que a exposição de monstruosidades humanas deixa de ser banal para tornar-se chocante. Demonstra que um limiar foi ultrapassado na tolerância ao espetáculo de deformidades corporais; que a definição dos objetos, atores e meios de exercício da curiosidade pelos monstros se transformou. É preciso lembrar que data desse período a criação, pela psiquiatria, das categorias nosográficas de *voyeur* e de "exibicionista", particularmente no trabalho de Charles Lasègue, médico principal do manicômio administrado pela Direção da Polícia. No entanto, as condições da proibição ultrapassam a recusa oposta a Tocci: anunciam o destino dos fenômenos das feiras no século XX, isto é, o seu iminente desaparecimento dos lugares de divertimento público, a preocupação moral da qual eles se tornam objeto, seu confinamento no espaço médico da investigação científica.

De fato, a partir de 1880, inúmeros indícios confirmam que o caso Tocci não é um caso isolado. Em todo o âmbito das distrações populares europeias surge uma nova sensibilidade perante a miséria anatômica e moral das curiosidades humanas. O caso de John Merrick é igualmente exemplar: em 1883, em Londres, a exibição do homem-elefante é proibida. A crueldade e o horror do espetáculo são insuportáveis para um médico filantropo como Treves, na ocasião em que ele o presencia pela primeira vez. "O demonstrador, como se se dirigisse a um cachorro, ordenou brutalmente: 'De pé!'.

A coisa se levantou lentamente, deixando cair o tecido que cobria sua cabeça e suas costas. Surgiu então o espécime humano mais repulsivo que eu jamais contemplara"[13]. Originário de um périplo por inúmeras feiras do Norte da Europa, o homem-elefante tem sua estadia proibida na maior parte dos locais de divertimento popular. Desprovido de seu valor mercantil, John Merrick será internado no Hospital de Londres graças à solicitude de Treves e nele terminará serenamente sua patética existência, custeado pela compaixão pública. Com efeito, o homem-elefante tem um destino exemplar: um exibidor de curiosidades e um médico competem por um monstro, no intuito de satisfazer dois tipos de curiosidade e tirar dois tipos de lucro. Apoiado pelo rigor das autoridades e pelo interesse caritativo da opinião pública, o médico leva a melhor sobre o saltimbanco, o hospital suplanta o "entra e sai"; o corpo do monstro, arrancado do teatro do disforme, torna-se sujeito legitimado de observação médica e objeto de amor moral. Um longa página da história dos monstros humanos seria virada.

Contudo, uma pergunta persiste: uma vez estabelecida a genealogia dessa compaixão pelos monstros humanos, como compreender o insuportável constrangimento do qual fui testemunha, na ocasião que descrevi? O exemplo de John Merrick é eloquente: o monstro só pode usufruir dos cuidados médicos e da emoção caridosa da opinião pública sob a condição de desaparecer do olhar público, isto é, contanto que seja coletivamente recalcado este antiquíssimo prazer do olhar que conduzia as multidões do passado a empurrar as portas do teatro popular da monstruosidade. E nisso consiste o paradoxo desta compaixão dirigida ao corpo monstruoso ou disforme e, em termos gerais, da compaixão que presidiu à elaboração da noção de "deficiência" ao longo do século: o amor manifestado por ela aumenta em proporção ao distanciamento do objeto. O monstro pode proliferar na distância virtual das imagens

---

13. Sir F. Treves, *The Elephant Man*, op. cit., p. 36.

e discursos, mas sua proximidade carnal perturba. Compreendemos assim o constrangimento coletivo dos passageiros daquele vagão: com a súbita irrupção do monstro, não puderam escapar da desagradável experiência do retorno do recalcado.

Tradução: Lara Christina de Malimpensa

ÉTICA E CULTURA CORPORAL: DO CULTO DO CORPO ÀS CONDUTAS ÉTICAS
Denise Bernuzzi de Sant'Anna

No livro escrito por Jorge Amado, intitulado *Tereza Batista Cansada de Guerra*, há uma personagem que, subitamente, rejuvenesce. Trata-se de dona Beatriz, habitante de uma pequena cidade nordestina, que passa a ser malvista devido à possível cirurgia plástica realizada. Segundo uma conhecida dela, chamada Ponciana, dona Beatriz cometera uma blasfêmia: "rosto da pele lisa, estirada, sem rugas nem papo, corpo esbelto, seios altos, aparentando não mais de trinta fogosas primaveras, valha-nos Deus com tanto descaramento" para Ponciana, Beatriz era "a glorificação ambulante da medicina moderna". Cultuar o corpo desse modo indicava uma anormalidade e a "cirurgia plástica era um crime contra a religião e os bons costumes. Mudar a cara que Deus nos deu, cortar a pele, coser os peitos e quem sabe o que mais, vade retro", exclama Ponciana.

Para Ponciana, Beatriz, que havia passado dos quarenta, não tinha o direito de modificar as formas de seu corpo. E ela é virulenta ao dizer que, assim, toda esticada, Beatriz ficara "com cara de mocinha e ainda por cima chinesa..."[1].

O espanto de Ponciana é revelador de um certo tipo de mentalidade, muito comum no Brasil, quando a maior parte da população ainda habitava as zonas rurais ou inseriam-se em culturas nas quais os cultos do corpo – que hoje ocorrem nas academias de ginástica, nos salões e clínicas de beleza – não eram amplamente conhecidos, nem imaginados.

Ora, temos o hábito de pensar que os cultos contemporâneos do corpo são necessários e dispensam explicações, pois são considerados uma prova de autoestima fundamental para alcançar o bem-estar no mundo moderno. Correr nos parques e nas grandes avenidas, frequentar academias de ginástica e de musculação, praticar esportes em favor da saúde e da boa forma, ou submeter-se a regimes, cirurgias plásticas, lipoaspiração, deixaram de ser vistos como exceções de meia dúzia de mulheres libertinas ou de homens de moral duvidosa. Tornaram-se uma prática comum para milhares de pessoas de idades e profissões diferentes. Não nos espantamos mais ao ver pessoas correndo de bermuda e tênis nos calçadões das grandes cidades, frequentando clínicas para a boa forma e se submetendo a cirurgias plásticas em nome da beleza. Dedicar tempo e dinheiro para cuidar do corpo tende a ser uma atitude bem-vista, enquanto "acomodar-se" diante dos "kilos a mais" ou dos "músculos a menos" pode sugerir uma intolerável falta de amor por si mesmo.

Na mídia, os cultos do corpo ocupam um lugar de grande destaque. Desde 1985, por exemplo, mais de vinte revistas dedicadas aos temas da saúde e da boa forma foram criadas e, segundo uma pesquisa que realizo com algumas revistas brasileiras dirigidas ao grande público, entre 1960 e 1999,

---

1 Jorge Amado, *Tereza Batista Cansada de Guerra*, São Paulo: Martins, 1972, p. 112

o número de reportagens sobre saúde, beleza e boa forma triplicou. Segundo inúmeros programas de televisão, as mulheres foram as que mais ganharam com os cultos contemporâneos do corpo: hoje elas podem decidir sozinhas qual cosmético usar, se vão aplicar botox ou fazer cirurgia para acabar com as rugas, liberdade esta que aumenta na proporção, é lógico, do dinheiro e do tempo disponíveis. Tudo se passa como se dona Beatriz e seu súbito rejuvenescimento pudessem agora encontrar um lugar ao sol e descansar em paz, dentro da normalidade dos hábitos. Agora, comentários críticos como os de Ponciana tendem a ser alvo de chacota ou uma particularidade de grupos avessos aos apelos da modernidade e a favor do curso "natural" da vida.

E as mulheres não foram as únicas que conquistaram uma liberdade muito maior do que a que tinham no passado para cuidar de seus corpos. Embora existam os ideais da moda, hoje pouca gente estranha, por exemplo, um rapaz que decide deixar os cabelos longos ou que opta por raspá-los; usar brincos, xampu e creme rinse não são mais exclusividades femininas, uma cosmética masculina já conquistou boas fatias do mercado nacional. Além disso, nas ruas, na televisão, nos clubes e locais de trabalho, fala-se de prazer sexual com menos pudores do que há quarenta anos atrás, enquanto a masturbação deixou de ser considerada uma prova de fraqueza do caráter.

À primeira vista, evoluímos bastante. Tudo indica que somos muito mais liberados do que nossos antepassados e que o corpo é muito mais valorizado e cultuado em nossa época do que há quarenta ou cinquenta anos atrás. Fica a impressão de que nunca se falou tanto no corpo como agora e de que nunca a beleza, o prazer físico e a saúde geraram tantas preocupações. Mas, por isso mesmo, talvez, nunca como em nossa época, surgiu uma sensibilidade tão alerta em relação à ameaça das doenças, e uma intolerância tão forte diante dos sintomas do envelhecimento e do mal-estar corporal. Como se a existência do corpo ganhasse uma dimensão inusitada que, por sua vez, acarretasse uma vigilância ampliada de cada um sobre si mesmo e uma atenção para com a própria saúde muito mais detalhista e obstinada.

Para entender esta espécie de paradoxo, no qual, quanto mais se valoriza e liberta o corpo, mais ele se torna alvo de preocupações e mais nos tornamos sensíveis à sua presença, faremos, a seguir, um rápido percurso histórico, mencionando alguns exemplos contrastantes com a atual valorização do corpo. O primeiro deles vem da propaganda de remédios publicada em jornais e revistas durante as primeiras três décadas do século xx. Nela, as imagens, hoje comuns, de corpos exalando alegria e sensualidade, eram exceções. Os desenhos eram, em geral, em preto e branco, e mostravam uma multidão de males físicos. Havia pouca referência ao prazer e inúmeros desenhos de cadáveres, corpos disformes, feridas e lágrimas. Os remédios de odor, aspecto e gosto marcantes eram considerados os melhores e se destinavam a combater os males cujo aspecto se manifestava igualmente de modo forte e até mesmo rude. A tendência geral da propaganda não era a de esconder do leitor as expressões de dor e mesmo de desespero de homens e mulheres antes de serem medicamentados; mas, muito mais, a de valorizar os sofrimentos passíveis de cura, e não necessariamente o aspecto saudável e belo adquirido pelo corpo após o uso do produto. Na verdade, a falta de beleza e saúde, aqui ligada às aparências doentias, desesperadas, repulsivas, era muito mais evidente nessa época do que no período posterior à Segunda Grande Guerra, quando a alegria de viver se tornou um argumento prioritário às vendas.

Mesmo no decorrer dos anos 1920, quando a moda dos vestidos transparentes e decotados foi promovida junto à descoberta dos prazeres da praia e dos novos cosméticos industrializados, vários investimentos destinados ao corpo, hoje comuns, eram vistos com muitas reservas. Estudá-lo era ofício quase exclusivo de médicos. Recomendar a liberdade corporal ainda era uma exceção, e, para muitos, ela não fazia o menor sentido. Em várias culturas brasileiras, o corpo não era, ainda, a sede da identidade de cada ser.

Ele era, muito mais, a sua morada transitória e efêmera. Valorizá-lo tanto ou mais do que a alma, seria, portanto, um contrassenso. Para certas comunidades, o corpo praticamente não existia como algo "em si mesmo": ele não era visto como sendo totalmente separado da vida dos animais, plantas e deuses. Libertar o corpo soava, portanto, como uma demanda estranha. Além disso, mesmo quando a educação física começa a usufruir de algum prestígio entre educadores e médicos, praticar exercícios físicos ainda era visto como um meio de submeter o corpo a um esforço que o aproximava daquele trabalho braçal escravizado e, portanto, da pobreza, ou seja, daqueles que não possuíam outra coisa além de seu corpo para sobreviver ou mostrar poder.

Segundo a moral católica, o corpo não tinha o mesmo valor que a alma, pois representava a sua prisão. O aspecto constrangedor dessa crença adquiria tons mais exaltados quando o corpo em questão era o da mulher. Considerado uma espécie de território que deveria ser desvendado, fecundado e dominado pelos homens, o corpo da mulher não lhe pertencia. O que hoje é banal, naquele tempo era uma exceção: ou seja, a mulher não tinha direito sobre o seu corpo, portanto, ela não era livre para decidir sozinha sobre o que fazer com sua aparência e saúde. Além de ser considerado propriedade dos homens – pais, irmãos mais velhos, maridos, padres e médicos – o corpo feminino era pensado como sendo fruto da obra divina. Para os conselheiros de beleza, por exemplo, que escreviam livros e longos artigos sobre os cuidados da virtude feminina, a mulher poderia se embelezar desde que não rivalizasse com a obra da Natureza, precavendo-se contra exageros de todo tipo, evitando modificar profundamente as linhas e formas de sua aparência. A beleza era considerada muito mais um *dom de Deus* do que o resultado de um trabalho individual sobre si.

Mesmo em cidades como São Paulo e Rio de Janeiro, dizia-se com frequência que "a mulher de má pinta, mais a cara pinta". Para muitos, a mulher não deveria se pintar porque, afinal, a Virgem Maria não se pintava. Evidentemente não faltavam aquelas que desobedeciam tais regras e aquelas que se embelezavam com receitas e produtos considerados suspeitos. Assim, por exemplo, o cronista João do Rio conta que a tatuagem era uma prática corrente entre cariocas de baixa renda. Para elas, a tatuagem era uma técnica de embelezamento poderosa: tatuavam mãos e rosto e, por vezes, tatuavam um coração com o nome do amante em alguma parte do corpo. Mas se fossem ofendidas pelo amado, tatuavam o nome do dito na sola do pé, de modo que, ao pisar sobre o solo, ele seria ofendido também[2].

Todavia, para ser considerada uma moça de bem, um suave tom rosa utilizado sobre as unhas e algumas joias já eram suficientes. Em relação à saúde, as receitas caseiras imperavam, influenciando a administração dos corpos de ricos e pobres. Os periódicos laxantes feitos com óleo de rícino, os chás para dores de todo tipo e as poções para conservar a disposição, produzidos dentro de cozinhas e nos quintais, conviviam sem grandes problemas com o consumo dos remédios industrializados. Mas a sua divulgação não merecia grande destaque em revistas e jornais; eram consideradas receitas das famílias, fórmulas passadas de geração em geração, tal como eram transmitidas as receitas culinárias. Havia, portanto, uma série de cuidados com o corpo no passado, mas seus sentidos, sua visibilidade e as técnicas e saberes que os constituíam eram bastante diferentes dos nossos e daqueles valorizados pela mídia.

Existiam conselheiros de beleza, como aqueles das revistas *Fon-Fon* e *Revista da Semana*, por exemplo, que costumavam recomendar algum "artifício" para embelezar as mulheres, pois há muito se considera que para ser mulher é preciso ser bela, como se a beleza fosse o maior e melhor atestado de feminilidade. No entanto, raramente eles admitiam que o embelezamento, além de ser um dever, fosse, também, um direito, tal como ocorrerá mais tarde, com os novos con-

---

2 João do Rio, *A Alma Encantadora das Ruas*, Rio de Janeiro: Simões, 1951, p. 48-49.

selheiros de beleza dos anos 1950, inspirados na beleza americana anunciada por Max Factor Júnior, por exemplo. Além disso, o embelezamento obtido por meio de regimes, ginásticas, cosméticos, cirurgias, costumava ser recomendado às mulheres que não ultrapassavam os quarenta anos.

A esse respeito, é ilustrativo lembrar dos conselhos de beleza e saúde que, antes da Segunda Guerra Mundial, costumavam dizer que a velhice chegava, impreterivelmente, aos quarenta anos e, isso significava que "os dentes caíam, as varizes apareciam, os cabelos embranqueciam e o cérebro endurecia". Tudo muito diferente das definições da velhice posteriores aos anos 1960, quando começa a ser anunciado pela emergente indústria da beleza que "não há mais idade para ficar velha", ou ainda, que a velhice é apenas um estado de espírito, podendo ser combatido por cada um, basta querer.

Na verdade, a época antiga não é feita apenas de austeridade e negação do corpo. Intimidades hoje fechadas e privatizadas eram, naqueles tempos, mais livres: as necessidades fisiológicas não contavam com os pudores atuais e, não por acaso, o penico, por exemplo, era uma peça habitual nos quartos, revelando uma naturalidade em mostrar o corpo em situações hoje consideradas muito mais constrangedoras. Além disso, antes aprendermos com os movimentos de liberação do corpo, herdeiros de maio de 1968, que era preciso ser autêntico, os conselheiros de beleza recomendavam, sem pudores nem culpa, que as mulheres *fingissem* ser belas, utilizando produtos de beleza como o laquê, o sutiã de bojo e outros produtos favoráveis a uma beleza provisória, hoje considerada artificial. Mas justamente naqueles anos, intolerantes diante das modificações profundas em nome de uma beleza autêntica, havia uma grande tolerância em relação à distância entre "ser bela" e "parecer bela". Fingir ter um porte de rainha, uma cútis alva e aveludada, era ainda um gesto inocente e bem-aceito.

Durante boa parte do período anterior à Segunda Guerra, os brasileiros consideravam que milagre, cura e embelezamento não eram forçosamente diferentes, assim como ciência e religião não necessariamente se opunham. Preocupar-se com o corpo ainda podia ser visto com certas suspeitas, afinal, eram as preocupações com a alma que usufruíam de maior prestígio e nobreza. Assim, o simples uso do batom poderia levantar suspeitas morais e ferir a honra das famílias. Ter um corpo descontraído se confundia com deboche, liberá-lo e levá-lo a correr nas praias e calçadas das grandes avenidas poderia indicar loucura.

Mas algumas mudanças não tardaram a modificar esse cenário. Progressivamente, uma interpretação científica para os problemas de beleza e do bem-estar conquistaria espaço nas propagandas. No final da década de 1930, a falta de beleza e a indisposição já são consideradas "curáveis". Tônicos e remédios para branquear o rosto, "desencardir" e limpar a pele começam a ser usados na prevenção dos males físicos e a indicar que a beleza não é mais um dom e sim algo que se produz e que cada um pode criar. Por conseguinte, no lugar dos truques de beleza para parecer bela, os conselheiros vão dizer que é preciso aprender as técnicas de embelezamento. Os truques eram ensinados pelas irmãs, amigas, vizinhas, mães. As técnicas receberão novos professores, que são as conselheiras das revistas, as estrelas do cinema e os publicitários. E todos eles defenderão a possibilidade de mudar a natureza das aparências, criticando veementemente o hábito de se contentar somente em parecer bela: doravante, isso se torna insuficiente, será necessário sê-lo, de corpo e alma.

Trata-se do início de um grande investimento nos concursos de misses, os quais, por sua vez, contribuem para a descoberta de uma beleza que pode ser medida, produzida e premiada. Junto deles, surgem os concursos de robustez, envolvendo crianças e adultos. Comprometidos com a intenção de políticos e empresários desejosos em criar uma raça forte e civilizada, cuidar do corpo significa, nessa época, dar um passo importante rumo à conquista da identidade nacional; ou ainda, investir no corpo de cada um com o objetivo de evitar a degenerescência racial e construir um país moderno, segundo os moldes europeus e norte-americanos.

Nessa era do rádio, segundo a intenção de criar uma identidade nacional, o corpo da criança e o da mulher foram eleitos instrumentos de formação da raça trabalhadora. No escotismo, nos clubes para operários, fábricas, consultórios e escolas, tratava-se de associar o corpo limpo à virtude da produtividade para o bem da nação. Interessante observar que, desde então, a natureza brasileira e a natureza feminina serão escritas em letra minúscula; e, da domesticação de ambas, dependerá, para muitos, a ordem e a identidade da nação.

Um ingrediente até então pouco comercializado inicia, doravante, uma próspera carreira. Trata-se do "apelo à sedução". Ao contrário do começo do século, agora, a propaganda convida o leitor, gentilmente, a "experimentar" o produto anunciado. Mais sedutores do que no passado, os anúncios insinuam, sugerem e prometem felicidade. Exemplar a este respeito é uma série de anúncios para o absorvente feminino Modess, da Johnson & Johnson. Neles emerge a frase: "experimente e se convença". Nenhuma alusão aos sofrimentos uterinos é feita. Começa a tomar força uma tendência em valorizar o período posterior à cura das doenças, ou seja, o alívio e a alegria proporcionados pelos diversos remédios e cosméticos. Por conseguinte, os semblantes sorridentes invadem as revistas e jornais, colocando no passado e no esquecimento tristezas e sofrimentos. E quanto mais o prazer é valorizado, mais os produtos e cuidados do corpo, que exigem a heroica tarefa de enfrentar dores e gosto ruim, se tornam intoleráveis, sintomas de falta de civilização, signos de atraso.

Nessa época, um tal de doutor Pires escreve sobre o assunto em diversos jornais e fornece explicações acerca das cirurgias para o embelezamento, em programas da Rádio Clube do Brasil. Para ele, as tristezas resultantes da falta de beleza são injustificáveis, por isso devem ser radicalmente combatidas. Ou seja, Pires recomenda a cirurgia plástica para produzir beleza e ao mesmo tempo autoestima. Ele é um dos primeiros a fazer essa associação hoje comum entre embelezamento e resgate do amor por si mesmo. E afirma ter realizado centenas de cirurgias em seu consultório. Para ele, os sofrimentos acumulados durante anos encontram seu fim definitivo com as cirurgias plásticas; aliás, rápidas, porque duram, segundo ele, entre vinte e trinta minutos, e permitem à mulher operada mostrar seu belo rosto no mesmo dia em que realizou a cirurgia.

Charlatanismo ou não, as cirurgias aconselhadas por Pires incluem um poderoso e sedutor argumento: os sofrimentos resultantes da falta de beleza não têm mais razão de existir. Vinte anos mais tarde, os conselhos assinados por Max Factor Júnior incluirão a mesma mensagem e vão, portanto, concluir que "só é feia quem quer". A feia deixa de ser uma vítima do acaso, desprovida dos dons divinos, para ser vista como aquela que não se cuida, não se ama, como a única culpada pela ausência de dotes físicos.

Ora, quando a autoestima começou a ser considerada um produto que se adquire com o consumo de cosméticos, a cosmetologia se tornou uma área industrial e científica autônoma em relação à dermatologia e à química. Isso ocorre na década de 1950. É quando os Estados Unidos anunciam que vendem mais cremes de beleza do que manteiga. E é quando inúmeras indústrias internacionais de produtos de beleza e saúde conquistam mercado no Brasil, entre elas, a Avon, campeã de vendas por vários anos. Mas, junto da valorização da autoestima, emerge um novo conceito de conforto; doravante, tudo o que é belo, bom e moderno deve ser macio, acolhedor, sedutor, agradável ao olhar, suscitando a vontade de tocar. Roupas, eletrodomésticos, cosméticos, remédios entre outros produtos e, inclusive, a aparência do corpo, são curvados à necessidade de respeitar a lei máxima do conforto: assim, por exemplo, os corpos femininos idealizados segundo a voga das coloridas e curvilíneas *pin ups* norte-americanas, substituem as formas das antigas *vamps*. O *glamour* aveludado dos vestidos rabo-de-peixe seria preterido em favor do *sex-appeal* dos jeans e das camisas esportivas, transformados em marca registrada dos brotinhos emergentes, do estilo *baby doll*, numa mescla de sexualidade picante e corpo adolescente.

Estávamos nos aproximando de uma época conhecida por suas revoluções e liberações, quando, então, muitas cinturitas foram abandonadas, alguns sutiãs queimados e a pílula anticoncepcional adotada. As imagens dos corpos nus não se restringiriam mais às publicações especializadas: foram estampadas em vários anúncios, nas capas de revista e programas de televisão. E com o maior desnudamento do corpo, novos cuidados corporais seriam inventados, juntamente com o surgimento de males até então pouco conhecidos: entre eles, a celulite, nova vilã das mulheres nascidas após a década de 1970.

Nessa mesma época, o tema do prazer sexual abala as convicções do que seria a honra da família e o corpo será infinitas vezes redescoberto pela moda da minissaia e do biquíni, nos megaconcertos musicais ao ar livre, mas também nas danceterias e outros recintos fechados, nas terapias individuais ou de grupo, na yoga e no corpo a corpo do combate militante. Redescobre-se sobretudo o poder do corpo jovem e, com ele, uma nova valorização da juventude avançará, atraindo pessoas de todas as idades.

As gerações mais antigas se assustaram com a revolução corporal em curso. Os corpos de seus filhos haviam conquistado uma descontração antes proibida, que falava em nome de "autenticidade, natureza e prazer". Mas, depois do conflito entre "prafentex e quadrados", todos vão querer ser esportivos, no estilo, no corpo, ou em ambos. A década de 1970 foi aquela do primeiro grande "boom" da indústria das roupas, calçados e equipamentos esportivos. Nela, pela primeira vez, as novelas da televisão associaram esportes como o surf ao modo de vida considerado juvenil e moderno.

A partir da década seguinte, essa tendência se amplia rapidamente e as academias de ginástica, por exemplo, espalham-se pelos diferentes bairros, chegando às favelas e alcançando o interior dos estados. É quando a nova voga do culto ao corpo recebe versões atualizadas nos trópicos e mistura-se rapidamente à dança e à valorização da natureza selvagem. Se nos filmes norte-americanos havia o desfile de corpos musculosos, exibidores de uma espécie de puritanismo do corpo vestido por músculos e enriquecido com exercícios e anabolisantes, na mídia brasileira, essa versão tornou os corpos a partir de uma espécie de "rigor tropical das formas". Malhar era preciso mas, como indica essa palavra, o esforço físico era também associado ao consumo do corpo nas relações amorosas e nas festas.

Entretanto, a versão atlética do corpo e da vida que contagiava homens e mulheres de todas a idades, fornecia um grande charme ao estilo empresarial, aliando a competição esportiva à competição nos negócios. A imagem dos nossos chefes políticos, por exemplo, não tardou a ser atualizada ao sabor da valorização do corpo esportivo em alta: do presidente Figueiredo, que foi capa da Manchete praticando jogging, a Fernando Collor, em suas midiáticas performances em esportes radicais, parecia que o corpo esportivo e performático havia se tornado a grande vedete, o símbolo maior de poder e eficácia. O valor da prudência parecia ter sido definitivamente trocado pelo do risco. A aceleração da vida colocava no terreno do feio e do atraso aqueles que não conseguiam "ir mais rápido", "flexibilizar regras", ser "performático", polivalente, leve, descontraído e, em breve, se exigiria, também, que este corpo estivesse cada vez mais conectado.

O curto prazo passou a ser uma norma geral. Inclusive para os ideais de corpo belo. Por exemplo, a *top model,* fabricada e descartada com incrível rapidez, substituiu as antigas misses e modelos. *Tops* que parecem ter sido sempre *tops*, sem passado, sem carreira, sem futuro. Enquanto isso, fora das passarelas, o modelo da jogatina financeira, seus riscos, incertezas e fuidez, penetrava os cultos cotidianos do corpo e seus diferentes modos de vida: é quando os cuidados com o bem-estar e a beleza sentem-se livres para realizar as composições mais inusitadas, acoplando, por exemplo, referências místicas e científicas, segundo padrões e marcas em alta no mercado.

Tornava-se evidente, portanto, que o corpo havia sido liberado e redescoberto ao mesmo tempo em que ele não cessava de ser recodificado e confrontado a novos riscos, a centenas de formas de comércio, de redesenho e de "turbinagem". Ele era centenas de vezes valorizado e centenas de vezes coagido a lidar com novas responsabilidades antes desconhecidas, com exigências até então inusitadas. Pois essa espécie de culto ao corpo performático vai colocar em alta no mercado uma noção empresarial da saúde, pautada pelo cálculo minucioso de perdas e ganhos de energia e calorias. Desse modo, assim como se criticou a liberação corporal dos anos 1960, na década de 1990, não tardou a aparecer intolerâncias à voga do corpo "performático" acusado de reduzir toda e qualquer atividade (inclusive a sexual), a mais uma performance, em mais um negócio a ser vencido.

Chegamos ao final dos anos 1990 um pouco cansados com as atléticas aventuras do corpo e com a sua exposição obstinada pela mídia. Homens e mulheres "turbinados" continuaram, é certo, a fazer parte do cenário mundial. Mas uma parte do espírito de concorrente inabalável e de negociador esperto e atlético não tardaria a desmanchar-se em estresse, depressão e compulsão ou a descobrir artroses e músculos distendidos. Outros recolheram-se em seus lares, para dentro de seus corpos, em cultos particulares, mesmo porque, muitas cidades deixaram de acolhê-los e de respeitar as suas singularidades. Nessa situação, cuidar do corpo tornou-se muito mais do que uma vaidade ocasional. Passou a ser uma necessidade vital, pois, um número cada vez maior de corpos era descartado ou desgastado pelo excesso de trabalho (ou pelo esforço em conseguir um) e pelo aumento do sentimento de insegurança e de incerteza em relação, não apenas ao futuro, mas, também ao presente.

E logo percebeu-se que a liberdade de construir o próprio corpo e de cultuá-lo não escapava à ação de exigências e normas. A primeira exigência refere-se à necessidade de ser jovem. No lugar de ser uma etapa da via, a juventude tornou-se um estilo de vida, um direito de pessoas de várias idades, e, muitas vezes, um dever. A segunda exigência, estreitamente vinculada à supervalorização da juventude, diz respeito à necessidade de obter prazer infinita e constantemente. Tudo muito diferente do tempo de nossas avós, quando o prazer tendia, por exemplo, a ser considerado um "estado" passageiro, resultante de algumas ações. O aumento do prazer costumava ser julgado ao sabor de uma austeridade moral que hoje caiu em desuso. Por conseguinte, se para as nossas avós havia o receio de se arrepender dos prazeres físicos furtivamente experimentados, para as suas netas e os seus netos, nossos contemporâneos, é mais comum arrepender-se dos prazeres físicos não vivenciados. Isso porque o prazer físico tornou-se uma espécie de regra geral e não é por acaso, aliás, que a dor e o sofrimento vêm usufruindo de uma galopante perda de sentido.

A terceira exigência é aquela da alegria sem escalas e em curtíssimo prazo. A infelicidade deixou de ser uma "época ou um sentimento vivido" para ser considerada sinônimo de fracasso absoluto na vida, uma de suas piores ameaças, podendo, inclusive, substituir a plenitude pela platitude. Por conseguinte, o tédio passa a ser confundido com doença, enquanto o imperativo da alegria *full time* abafa a melodia das experiências pouco contentes. Reivindica-se a felicidade, não amanhã, nem em outra vida, mas aqui e agora, na medida em que ela transformou-se numa regra geral, e que, como tal, não deve falhar.

A quarta exigência é a da transformação de cada indivíduo no único responsável por seus sucessos e fracassos, por seus cultos ao corpo e por seus descuidos. Se uma mulher decide, por exemplo, fazer uma "lipo", a responsabilidade de tal ato tende a recair unicamente sobre ela. Na verdade, estamos mais livres para decidir sobre o que fazer (e como fazer) com os nossos corpos, mas, ao mesmo tempo, mais solitários nessas decisões e, portanto, mais carregados de responsabilidades.

Imperativo da juventude, prazer sem trégua, alegria sem escala e em curto prazo e aumento de responsabilidades: essas tendências foram historicamente construídas. E foram construídas por meio da progressiva transformação do corpo (humano e não humano) em material essencial de manipulação comercial, não apenas como gerador da força de trabalho, mas também como espaço de experiências para a exploração mercadológica da vida.

Desse modo, muitos problemas que embaraçam as atitudes éticas no cotidiano dos cuidados corporais continuam a existir. Pois a mesma engrenagem que suga energia dos corpos, na vida cotidiana, vai prometer recriá-la por meio do estímulo ao consumo. Não um estímulo que aqueça uma distribuição igualitária da renda e das possibilidades reais de consumir, mas um estímulo em consumir, não importando por quais meios e por qual preço.

O primeiro problema nesse caso é fazer com que o consumo de produtos e serviços para o corpo, no lugar de ser *mais um* aspecto das atividades humanas, transforme-se no único meio de conquistar bem-estar. O segundo problema está em desvincular os cuidados com o próprio corpo, as preocupações com a própria saúde, dos cuidados e preocupações com o corpo e a saúde dos outros. Em nossos dias, mesmo quando a figura do "indivíduo" é ameaçada de desmanche, há um estímulo em fazer do culto individual do corpo uma espécie de ação desconectada das ações éticas, voltadas, também, ao coletivo. É quando a noção de indivíduo, com direitos e deveres, antes de conseguir resistir à corrosão de seus limites e valores, já emerge intoxicada de um sentimento de indiferença para com o outro.

Todos esses problemas nos levam a pensar que o desafio atual, não é tanto o de condenar o culto do corpo nem o de absolvê-lo. O problema não está nos cuidados de si mesmo mas, muito mais, na transformação deste "si" (ou deste corpo) num território que dispensa o contato e o compromisso com os outros, especialmente quando esses outros são diferentes daquilo que somos. Quando isso acontece, pode-se chegar ao ponto de gostar de uma pessoa somente quando ela não causa estresse, desejar estar em lugares apenas quando estes são exclusivos aos corpos que se parecem com os nossos corpos, aceitar as qualidades humanas unicamente quando elas se expressam "entre os nossos". No limite dessa tendência, cada corpo se transforma numa espécie de exílio confortável, macio e sedutor, no qual os que dele divergem ou se diferenciam são dispensáveis. Quando isso ocorre, qualquer aparição inesperada *do outro* no mundo real é vista como invasão. Cria-se, assim, uma situação de indiferença em relação ao outro que é alarmante para as expectativas de fortalecer os elos coletivos.

Ora, a indiferença sinaliza que a diferença fracassou. Ela é pior do que o tédio pois quem é acometido pela indiferença transforma o corpo em alma penada, passa de um canto a outro sem nenhuma melodia. Além da indiferença, o medo é outro sentimento capaz de constranger rapidamente as atitudes éticas e, portanto, o equilíbrio entre o bem estar individual e a saúde do coletivo. O medo está na origem da blindagem dos corpos, na criação de aparências nas quais nada parece vazar, escapar ao controle.

No entanto, menos do que blindar os corpos, fazendo de cada indivíduo uma espécie de veículo fechado, capaz de ter acesso a muitos mundos e passar por toda parte, puritanamente construído como arma e armadura, talvez o mais difícil e o mais urgente seja transformá-lo, simplesmente, num *elo*: no lugar de ser um *corpo de passagem* apenas, transformar o corpo numa passagem[3]. Estimular, por exemplo, que o fortalecimento dos corpos não seja um movimento de mão única, voltado exclusivamente para si mesmo, mas um movimento que, ao realçar o brilho próprio, realce, também, o brilho dos outros.

Nesse caso, teríamos de estar atentos para substituir as relações de dominação, ancestralmente conhecidas e vividas,

---

3 Este e outros temas deste texto estão desenvolvidos em nosso livro, *Corpos de Passagem, Ensaios sobre a Subjetividade Contemporânea*, São Paulo: Estação Liberdade, 2001.

por condutas éticas que, como tais, estão comprometidas com uma composição entre os seres. Ou seja, diferentes das relações de domínio, nas quais há sempre um lado que se degrada em favor do realce do outro, nas relações de composição não há degradação de nenhum dos lados. Nelas não faz sentido anular-se em nome do amor pelo outro, nem esperar do outro tal atitude: nem degradação de um ser em favor do outro, nem anulação de suas inteligências, as relações de composição fortalecem e realçam todos os seres em contato. Há aqui uma espécie de composição entre as singularidades dos seres participantes da relação capaz de fortalecê-los.

O mais interessante é poder observar o quanto estas relações de composição, que aqui são consideradas a base das condutas éticas, ocorrem na vida cotidiana de todos nós, por vezes com maior ou menor intensidade e frequência. Elas podem acontecer quando nos relacionamos com um objeto, tal como um violão, uma caneta, um automóvel, ou quando nos relacionamos com um parente, um amigo e com desconhecidos. E quando ocorrem, nem que seja por segundos, no lugar de tornar descartável a inteligência do outro ou a nossa própria inteligência, é a necessidade de dominá-la ou de ser por ela dominado que passa a ser supérflua e perde o sentido.

Talvez por meio de relações deste tipo, fomentadas no cotidiano, as condutas éticas e os cultos do corpo deixassem de habitar continentes separados e isolados. Desse modo, também, a ética não correria o risco de ser somente um problema filosófico, uma questão reservada a comitês, e poderia, então, ser exercida no cotidiano de milhares de homens e mulheres comuns, incluindo os cuidados corporais os mais variados.

ÉTICA, SAÚDE E BIOTECNOLOGIAS
William Saad Hossne

Dentro de um tema bastante abrangente, escolhi como tópico preferencial a questão da bioética na pesquisa em seres humanos. Tentando melhor situar o tópico, farei algumas considerações de caráter geral, seja de natureza conceitual básica, seja de caráter histórico sobre o assunto, apenas com objetivo demarcatório de posições éticas. Em seguida, centrarei os comentários sobre as disposições de natureza ética, atualmente em vigor no país, e finalizarei com a apresentação de alguns dados descritivos, resultantes do trabalho da Comissão Nacional de Ética em Pesquisa, do Conselho Nacional de Saúde.

Tomo como ponto de partida uma afirmação feita pelos idealizadores deste seminário quando, ao apresentarem as razões deste debate, assim se expressam: "[...] como dar--lhe (a cultura) o sentido de criação e de ação simbólicas, pelas quais o *homem* (aí quero destacar o destaque) *supera a simples animalidade e humaniza a natureza*".

Por aqui inicio a primeira de uma série de perguntas que pretendo abordar: o que distingue o homem dos demais animais? Ou melhor, em que momento ou a partir de qual marco pode-se dizer que o primata é um ser humano? Articulação da linguagem, raciocínio, "perversão sexual", forma do osso astrágalo, o riso incoercível quando o semelhante leva um tombo? Podem ser características, embora não exclusivas, do ser humano, mas nenhuma dessas manifestações permite firmar o traço de separação, a ponto de se poder dizer: é a partir desta ou daquela manifestação que este animal é ser humano. Autoridades civis, militares e eclesiásticas, sábios e ignorantes, sabidos e estúpidos, já tentaram estabelecer, sem sucesso absoluto, o marco distintivo. A propósito vale mencionar o delicioso livro de Vercors (*Nos Confins do Homem*) sobre esta problemática, inteligentemente trabalhada.

Se os outros não lograram êxito absoluto, me permito, aliás, a partir da própria linha de elaboração de Vercors, tentar obter uma resposta à minha pergunta: o que distingue o Homem dos demais animais? O ser humano e os outros animais são parte da Natureza. Os animais não humanos, ao que tudo indica, se identificam com a Natureza, formando um só bloco.

Já o ser, ao tornar-se humano, faz perguntas à Natureza. A primeira manifestação da característica humana seria, pois, a capacidade de fazer perguntas à Natureza. O Homem e a Natureza formam *dois* blocos, embora integrados. O ser humano se diferencia dos outros animais porque faz perguntas e por isso, ele nasce "filósofo", pois a função principal do filósofo não é saber fazer perguntas para a busca de respostas?

O animal de certa forma vive em harmonia, ainda que às vezes penosa, com a Natureza. O ser humano, ao interrogar-se, ao ser filósofo, passou a se "angustiar"; e a conquista da harmonia com a Natureza está na busca de resposta às perguntas, mesmo sabendo que, a cada resposta, novas perguntas (geralmente mais complicadas) surgirão. Buscando resposta, imediatamente o ser humano somou à condição de filósofo a de "pesquisador". Não é à toa que a palavra pesquisa em português, diferentemente de outros idiomas em que é "tornar a procurar", vem do latim: "perquirere" – perguntar, perquirir.

Ao fazer perguntas à Natureza, o ser humano tomou conhecimento e ou consciência da existência do outro. Este fato trouxe, como consequência à relação humana, o aparecimento da noção de valores. Ora, os valores humanos constituem o campo da ética. Desse modo, o primata, que virou filósofo e pesquisador, converteu-se também em um ser ético.

Dentro dessa linha de pensamento, pode-se concluir que é destino inexorável do ser humano buscar novos conhecimentos e, a cada novo conhecimento, avaliar valores humanos envolvidos. Em sentido amplo, isso significa que pesquisa e ética são elementos permanentes na atividade humana, acompanhados da "angústia" da interrogação. A "angústia" é tão grande que precisa ser aplacada, se não resolvida, de alguma maneira.

A partir do nascimento das ciências experimentais no século XVI, tendo Galileu como marco referencial, a busca das respostas concretiza-se na verdade científica em geral. Não sendo possível chegar-se a esse tipo de resposta, o ser humano cria uma teoria ou uma hipótese. Não o conseguindo, e não suportando a falta de respostas, cria neologismos e, na sua impossibilidade, cria mitos, tabus, lendas, fábulas. Mas não fica sem resposta.

Preparemo-nos, portanto, para esse "avanço" do conhecimento, sob suas múltiplas facetas, pois todas virão impregnadas de repercussão nos valores humanos.

Precisamos estar atentos e preparados, ao menos psicologicamente, pois o número de cientistas, gerando novos conhecimentos, vem, desde o Renascimento, duplicando a cada dez, quinze anos, o que significa, de certo modo impactante, que o número de cientistas atualmente vivos é superior ao número de cientistas que o mundo já teve e morreram e, caso a curva de crescimento não se altere, teremos, nos próximos dez anos, o dobro.

Os avanços científicos e tecnológicos têm ocorrido em ritmo tão vertiginoso que o que levou de dois a três séculos para ocorrer (a chamada revolução científica, iniciada no século XVI), agora acontece em dose tripla em um mesmo século. Refiro-me às três revoluções científicas ocorridas no século XX: a revolução atômica, a revolução molecular e a revolução da comunicação.

A revolução atômica, concretizada na primeira metade do século XX, nos deu a medicina nuclear, os radioisótopos, a cintilografia, a ressonância magnética e, também, a bomba atômica. Os aspectos éticos dessa revolução não merecem a devida atenção. Explica-se, pois estávamos em guerra.

Na segunda metade do século XX, a partir da descoberta da dupla hélice do DNA, iniciou-se a revolução molecular. É uma nova biologia que abre perspectivas como a da engenharia genética, do mapeamento do genoma humano, do diagnóstico molecular das doenças, da reprodução assistida, da clonagem ou do uso das células tronco. Estamos vivenciando, no início do século XXI, o auge dessa revolução, que traz agudos e graves desafios éticos. Esperemos que não nos dê a "bomba molecular", qualquer que seja sua face.

De quinze a vinte anos para cá, iniciou-se a terceira revolução: a revolução da comunicação, a revolução da Internet, que também vem suscitando desafios de natureza ética.

Por todos esses fatos, a humanidade tem sido chamada, talvez como nunca, a enfrentar extensa gama de desafios éticos nas áreas da saúde e da biotecnologia. Apenas para exemplificarmos o tipo e o volume de desafios, fiquemos com as perguntas que o próprio cidadão comum formula: Transgênicos, problema ou solução? Transgênicos, questão de impacto ambiental ou questão de saúde? Genoma humano, fator para proteção ou para discriminação do ser humano? A reprodução assistida é método ainda experimental? Clonagem de seres humanos, sim ou não? Para que serve um clone? Produção de pré-embriões para obtenção de células tronco, deve ser permitida ou não? Pré-embrião é cultura de células? Pode ser descartado? Se descartado, pode ser para transplante de células? Genoma humano pode ser patenteado? Testes genéticos – fatores para proteção ou para discriminação? Qual a relação entre engenharia genética e eugenia? O que fazer com pré-embriões não implantados? Pesquisa em seres humanos significa convertê-los em cobaia? É possível impedir os abusos na pesquisa? Quem defende o "voluntário"? Quem é o "voluntário"? Quando da suspensão de tratamento na pesquisa com medicamentos, o que deve prevalecer: o rigorismo científico, o interesse do patrocinador ou a proteção do sujeito da pesquisa? Como se recrutam os seres humanos para inclusão em projeto de pesquisa? O ser humano deve ou não ser informado quando incluído em projeto de pesquisa? Quem faz pesquisa em seres humanos? Quem se responsabiliza pelos riscos? Existem mecanismos de proteção ao ser humano, na pesquisa? A relação médico-paciente é apenas um problema de ética do médico? Deve prevalecer a deliberação do médico ou do doente que, por ser testemunha de Jeová recusa transfusão de sangue indicada? Médico testemunha de Jeová pode deixar de indicar transfusão a paciente não testemunha de Jeová? Em que circunstâncias? A eutanásia deve ser descriminalizada? E o aborto, no caso de malformações? Quando ocorre distanasia? Quem decide quando "desligar" aparelhos? Pode-se deixar de empregar métodos extraordinários (desproporcionais) no suporte de vida? Quando? Quem decide? Como se decide? A fila de receptores de transplante deve ser única? O critério de recepção deve ser o cronológico? A gravidade do caso deve ser levada em conta? Tecido fetal pode ser usado para transplante em adulto? O médico pode mentir ao paciente? O médico é obrigado a contar tudo ao doente? O doente tem o direito de recusar tratamento? Mesmo em risco de vida? Quem pode ter acesso ao prontuário médico? Quem pode ter acesso ao patrimônio genético? Quem pode usar o conhecimento do patrimônio genético? Companhias de seguros podem obrigar à realização de exame de DNA? Pode-se montar banco de DNA? Quem deve ser o responsável? Existem usos que podem ser autorizados? Quem autoriza?

São indagações ou questionamentos que extrapolam a área dos cientistas e que geram inseguranças e temores, mas que abrem perspectivas que podem vir a ser de fundamental importância para a humanidade. Como procurei caracterizar, é destino inexorável do ser humano buscar constantemente novos conhecimentos. Não devemos temer os novos conhecimentos; devemos temer, sim, a ignorância e o obscurantismo. Devemos, sim, exigir que o conhecimento seja obtido de forma adequadamente ética e que tal conhecimento seja empregado em benefício do ser humano, também de forma eticamente adequada. Assim, é também destino inexorável do ser humano enfrentar dilemas éticos.

Como disse, o ser humano é "filósofo" porque faz perguntas, é "pesquisador" porque busca respostas e deve ser "ético", porque deve preservar e defender valores humanos que envolvem o outro. Enfrentar os desafios éticos é um grande desafio que começa primeiramente com a identificação dos problemas éticos, passa pelo equacionamento dos conflitos, para chegar à reflexão ética e, finalmente, concretizar-se em disposições de ordem moral e ou legal. Em todas as etapas do processo, surgem "angústias" não no sentido freudiano da neurose da angústia, mas no sentido de avaliação profunda e íntima de cada um de nós e de todos na busca de se saber o que ainda não se sabe. E é preciso saber elaborar tal angústia – deve-se estar preparado para tal fim, mesmo porque essa angústia é mobilizadora da capacidade íntima de cada um de rever-se, constantemente, de rever conceitos e pré-conceitos, de corrigir-se e de evoluir como ser humano.

Essa linha de pensamento me leva à necessidade de posicionar-me com relação a alguns conceitos envolvendo os termos moral, ética e bioética. Moral (do latim *morale* referente a costumes) e ética (do grego, *éthikós* – conduta humana e também costumes) têm em comum o fato de ambas lidarem e ou cuidarem de valores humanos. Para alguns, ética e moral são termos empregados frequentemente como sinônimos, diferindo apenas na origem etimológica.

Na realidade, a diferença é mais profunda. Como dito, moral e ética lidam com valores humanos. Quando se fala em valores morais estamos na verdade nos referindo a valores humanos que uma determinada sociedade, por meio dos usos e costumes, elegeu e consagrou. Assim, moral ou valores morais podem variar de uma sociedade a outra e na mesma sociedade através do tempo.

Os valores morais provêm de "fora para dentro", devendo, pois, ser "interiorizados" ou introjetados em cada um. São valores escolhidos pela sociedade por meio dos costumes e não eleitos ou escolhidos pelo cidadão. Para o cidadão, o processo é passivo, em grande parte.

A ética, ao contrário, pressupõe, antes de mais nada, uma reflexão crítica, uma análise e um juízo sobre valores humanos, que, na maioria das situações, encontram-se em conflito. Daí se associar ética com *dilemas* (dois caminhos). No exercício da ética, cada um de nós deve proceder a uma avaliação crítica do confronto entre valores e posicionar-se diante deles. É um processo ativo, que vem de "dentro" para fora. Dito de outro modo, no exercício ético há que se cotejar valores e proceder a uma opção. Ao proceder à reflexão crítica ou juízo sobre valores, vale dizer no exercício da ética, cada um de nós vai pôr em jogo sua maneira de ser (inclusive seu patrimônio genético), sua racionalidade, suas emoções, e também levar em conta os valores morais já estabelecidos, para, finalmente, proceder, à opção.

Mas fazer opção é, também, na maioria das vezes, extremamente "angustiante". Em certas situações, o ser humano, dadas as dificuldades com que se defronta, prefere até que não haja opção, ou então, prefere que outros façam opção por ele; assim nem o eventual "sentimento de culpa" será sentido e sim transferido a outrem.

Ora, se o exercício ético implica juízo crítico e opção, algumas condições são essenciais para que se possa efetivamente se falar em ética. Em primeiro, é preciso que haja *liberdade*, pois sem ela não se pode falar em ética. Liberdade para quê? Para se poder fazer opção, mas liberdade acompanhada de *responsabilidade*. Outras condições também são necessárias para o exercício da ética: inexistência de preconceito e de coação; humildade para respeitar o ponto de vista e a opção do outro e grandeza para alterar a opção feita, caso ela se comprove inadequada. "Angústia" acompanhada de tais condições fazem da ética excelente instrumento ou meio para revisão constante do "interior" de cada um, no sentido de formação da cidadania, acompanhada do despojamento autêntico de que ninguém pode julgar-se "dono da verdade".

Tenho "provocado" alguns colegas da área ética, indagando se na opinião deles a moral veio antes da ética ou o contrário. Evidentemente que a resposta pode ser uma ou outra. Dentro da linha de raciocínio que venho desenvolvendo, a ética precede a moral – isto é, se os valores morais são consagrados pelos usos e costumes, supõe-se que, nesse processo de seleção ocorreu a reflexão crítica, um juízo de valores (ainda que em sentido coletivo da sociedade), seguido da escolha de valores, que passam a ser os valores morais. A angústia despertada pelas indagações deve-se, dentro dessa ótica, ao fato de que não houve, ainda, tempo e juízo crítico (isto é, exercício ético) para a consagração dos valores que estão em jogo. Dito de outra maneira, as perguntas devem ser questionadas e haver a reflexão crítica dos valores em jogo – isto é, o problema está na fase da ética e não da moral.

Não é raro, em tais situações, procurar-se soluções tangenciais, buscando criar disposições legais ou "normas morais" (que ainda não têm condições de ser estabelecidas, pois não houve tempo de "usos e costumes" para tanto) ou então buscar algum tipo de "porto seguro" ou de âncora em convicções religiosas ou em dogmas de qualquer tipo. Na realidade, para o devido equacionamento e solução dos conflitos suscitados pelas perguntas do tipo que formulei, é indispensável, antes de mais nada, aceitar o fato de que não há, ainda, respostas definitivas, pois estamos na fase de análise, reflexão e juízo crítico diante de conflitos de valores. Reconhecido o fato, deve-se passar à identificação dos conflitos e proceder, em seguida, à reflexão crítica, isto é, proceder à análise e ao exercício éticos. Mas deve-se, também reconhecer que o papel da ética não é necessariamente o de dar resposta a tudo. A ética não tem por finalidade dar respostas categóricas. Seu papel é o de, ao fazer perguntas de forma adequada, criar condições para que se encontrem respostas. Sem o adequado equacionamento das perguntas não se pode chegar às respostas. Assim, não se deve exigir que a ética dê as respostas, mas deve-se reconhecer que sem a ética não se chega às devidas respostas, que serão sempre acompanhadas do mecanismo de opção, com liberdade e responsabilidade.

A esta altura torna-se necessário que eu me posicione quanto ao termo bioética.

Como já referi muitas vezes, o ser humano, na busca de respostas a perguntas ou a situações, se vê obrigado a apelar para a semântica, criando um neologismo. Foi o que Van Potter, médico oncologista norte-americano, fez no início da década de 1970, criando o termo bioética. A "angústia" básica que o levou a tanto foi a possibilidade de uso inadequado dos avanços da revolução molecular (que fez surgir uma nova biologia) e que pudessem pôr em risco a própria humanidade. Juntando *bio* (vida) com ética, criou o neologismo a fim de chamar a atenção para a análise ética dos avanços científico-tecnológicos na área da biologia molecular, impedindo-os de vir a ser usados contra a humanidade. Na origem, a "bioética" teria o sentido de movimento ético e moral para que não se viesse a acontecer algo equivalente à bomba atômica, criada pela respectiva revolução.

Passados trinta anos, o vocábulo bioética adquiriu outra conotação ainda em evolução. As próprias enciclopédias de bioética (como a de Reich) reconhecem a dificuldade em se enunciar uma definição de bioética. Sobre esse assunto, limito-me a apresentar algumas características próprias da bioética, a saber: bioética é ética (no sentido até aqui exposto) no campo das ciências da vida, da saúde e (talvez) do meio ambiente. Tem, pois, característica abrangente, atuando em toda essa extensa área do conhecimento e não apenas, como se pretendeu e alguns ainda pretendem, na área da biomedicina; a bioética não se limita apenas à atuação na área dos avanços dos conhecimentos de fronteira (bioética de fronteira, como já foi considerada), mas também das questões "cotidianas" (bioética do cotidiano); a bioética envolve simultaneamente a análise ética do que alguns denominam nível micro (em geral questões relativas a indivíduos), e o nível macro (por exemplo, questões coletivas, como política de saúde). A análise, sob o ponto de vista da bioética, de qualquer questão em qualquer um dos três campos acima enunciados, exige a participação não só das demais disciplinas do próprio campo, como exige a ação interface dos campos envolvidos. Assim, por exemplo, uma questão precipuamente médica, se colocada à luz da bioética, exige a participação das outras disciplinas da área da saúde, bem como o exame do envolvimento da questão com os outros dois campos. A bioética exige, como condição *sine qua non*, o *pluralismo*, concretizado, sobretudo, na transdisciplinaridade. Dentro desta argumentação, percebe-se claramente que a bioética implica criar condições para que, na análise de qualquer questão no campo de abrangência já definido, possa haver a participação de todo e qualquer segmento da sociedade. A bioética não se submete apenas à avaliação dos "doutos", mas também dos "leigos". Afinal, a ética da vida não é campo privativo dos cientistas ou filósofos ou teólogos, mas de todo e qualquer cidadão.

Esta é grande conquista – é por meio da análise bioética, não necessariamente na atividade de "bioeticista" que a ética, felizmente, está penetrando nos diversos segmentos da sociedade. É óbvio que devem existir os eticistas, enquanto tal. A ética é um ramo clássico da filosofia. Os eticistas podem ser especializados em bioética, como bioeticistas. Dizer que apenas "bioeticistas" podem discutir bioética é um grande equívoco histórico.

Poucos fatos tão profundos na história da humanidade devem ter ocorrido a partir de um simples neologismo. Aliás, neologismos não faltaram após o termo bioética; assim, temos biotecnologia, biossegurança, bioindustria, biodireito, biodiversidade. E já que estamos falando de neologismo, me permiti recentemente propor um outro. Para aplacar minha "angústia" e para chamar a atenção para os aspectos éticos envolvidos na terceira revolução do século xx, a da internet, propus o neologismo "internética". Peço escusas pelo palavrão.

Retornando ao termo bioética, há que se assinalar um fenômeno que, de um lado, tem aspectos positivos, mas de outro oferece algum risco. Refiro-me à rápida difusão e penetração na sociedade do termo bioética, o que é auspicioso. Contudo, corre-se o risco da banalização e esvaziamento de conteúdo, passando-se a considerá-lo apenas um rótulo. Há tal modismo com a palavra bioética que corremos o risco de estar falando coisas diferentes quando utilizamos o vocábulo. Assim, há quem confunda ética médica com bioética, medicina social com bioética, biotecnologia com bioética. Todos esses campos podem e devem ser analisados à luz da bioética, mas com ela não se confundem.

Estabelecidas as considerações de ordem geral, passo a analisar a questão das pesquisas envolvendo seres humanos sob o prisma da bioética e das disposições estabelecidas pelo Conselho Nacional de Saúde.

Não deixa de ser surpreendente o fato de que, somente em 1947, a humanidade decidiu estabelecer as primeiras normas reguladoras da pesquisa em seres humanos. Normas que surgiram quando do julgamento dos crimes de guerra dos nazistas, ao se tomar conhecimento (aliás, na verdade, parte já era conhecida) das situações abusivas da experimentação e que foram denominadas de "crimes" contra a humanidade. Surge então o Código de Nuremberg, estabelecendo normas básicas de pesquisas em seres humanos, prevendo a indispensabilidade do consentimento voluntário, a necessidade de estudos prévios em laboratórios e em animais, a análise de riscos e benefícios da investigação proposta, a liberdade do sujeito da pesquisa em se retirar do projeto, a adequada qualificação científica do pesquisador, entre outros pontos. O princípio da autonomia, reconhecidamente um dos referenciais básicos da bioética, se enuncia, assim, no Código de Nuremberg. Vale lembrar, pois, que essa autonomia (autodeterminação) se firma na regulamentação da pesquisa e que, somente muitos anos depois, se incorpora nos Códigos de Ética (melhor dizendo de Deontologia) dos profissionais da saúde.

Não obstante a dramaticidade do contexto em que surge o Código de Nuremberg, os abusos continuaram a ocorrer. Já na década de 1960, Beecher chamava a atenção para o grande número de pesquisas de experimentação humana conduzidas de forma eticamente inadequada e publicadas em revistas médicas de renome. Em 1964, na 18ª Assembleia da Associação Médica Mundial, foi aprovada a Declaração de Helsinque, introduzindo a necessidade de revisão dos protocolos de pesquisa por Comitê independente (revista na década de 1970, em Tóquio, na de 1980, Veneza e Hong Kong e, por último, em 1996 na 48ª Assembleia Geral realizada em Somerset West, República da África do Sul). Nessa Declaração se estabelecem também as normas para a pesquisa médica sem fins terapêuticos.

Na década de 1980, o Council for International Organizations of Medical Sciences (Cioms), juntamente com a Organização Mundial de Saúde (OMS), elaboraram documento mais detalhado sobre o assunto, estipulando as "Diretrizes Internacionais Propostas para a pesquisa Biomédica em Seres Humanos", traduzida para a língua portuguesa pelo Ministério da Saúde. O documento foi reavaliado e publicado em nova versão em 1993, traduzido e publicado pela revista *Bioética*, do Conselho Federal de Medicina (CFM).

Na década de 1990, o Cioms lançou o primeiro documento especificamente voltado para a pesquisa em estudos de coletividade (estudos epidemiológicos): *International Guidelines for Ethical Review of Epidemiological Studies.*

No Brasil, merece destaque a Resolução CNS nº 1, de 13 de junho de 1988, do Conselho Nacional de Saúde – é o primeiro documento oficial brasileiro que procurou regulamentar as normas da pesquisa em saúde. Todos os documentos até aqui citados levam em conta referenciais ou princípios básicos da bioética: a não maleficência, a beneficência (riscos e benefícios), a justiça, e, sobretudo, a autonomia (autodeterminação), respeitando-se o sigilo, a privacidade e a autoestima. Vieira e Hossne (1987) analisaram os principais aspectos contidos em tais documentos.

Em 1995, sete anos após a aplicação da Resolução 1 CNS nº 1/88, o Conselho Nacional de Saúde (CNS) decidiu por sua revisão, com o objetivo de atualizá-la e de preencher lacunas geradas pelo desenvolvimento científico. Um Grupo Executivo de Trabalho (GET), integrado por representantes de diversas áreas sociais e profissionais, contando com o apoio de médicos, teólogos, juristas, biólogos, engenheiros biomédicos, empresários e representantes de usuários elaborou uma nova resolução – CNS nº 196/96 – que estabelece as normas de pesquisa envolvendo seres humanos.

Alguns pontos dessa resolução merecem destaque: a inclusão, no preâmbulo, de disposições legais que dão respaldo à resolução; a necessidade de revisão periódica das normas; a incorporação dos referenciais básicos da bioética (não maleficência, beneficência, autonomia, justiça, equidade, sigilo, privacidade); a ampla abrangência, aplicando-se as normas a toda e qualquer pesquisa (todas as áreas do conhecimento e não só biomedicina) que, individual ou coletivamente (estudos de comunidades, pesquisas epidemiológicas), envolva o ser humano, de forma direta ou indireta, em sua totalidade ou partes dele, incluindo o manejo de informações ou materiais; a proibição de qualquer forma de remuneração, cabendo porém ressarcimento de despesas e indenização (direito indeclinável) aos sujeitos da pesquisa; a conceituação de risco como sendo a possibilidade de danos às dimensões física, psíquica, moral, intelectual, social, cultural ou espiritual do ser humano; a consideração de que todo procedimento (de qualquer natureza), cuja aceitação não esteja consagrada na literatura, será tido como projeto de pesquisa em ser humano; o respeito total à dignidade do ser humano e a necessidade de obter-se o consentimento livre e esclarecido dos indivíduos-alvos, assim como a proteção a grupos vulneráveis, excluindo-se as possibilidades de dependência, subordinação, coação ou intimidação; o respeito à vulnerabilidade, sem, porém, exclusão, isto é, preservação do direito de decisão; a exigência de condições (recursos humanos e materiais) adequados à execução do projeto; a proteção à imagem, a não estigmatização, o direito à confidencialidade e à privacidade em pesquisas de coletividade, bem como o respeito aos seus valores culturais; a adequação da metodologia científica e as exigências básicas nos casos de randomização; a necessidade de justificativa para a dispensa de obtenção do consentimento; a necessidade de justificativa para o uso do placebo; o planejamento das medidas para o acompanhamento, tratamento ou orientação, conforme o caso, nas pesquisas de rastreamento, com a demonstração da preponderância de benefícios sobre os riscos e custos; o compromisso de retorno de vantagens para o país, no caso de pesquisas conduzidas no exterior; a utilização de material biológico e dos dados obtidos na pesquisa exclusivamente para a finalidade prevista no protocolo; a recomendação quanto à participação do pesquisador na fase de delineamento da pesquisa, nos estudos multicêntricos; a necessidade de comunicação aos Comitês de Ética, no caso de descontinuidade do projeto de pesquisa; a necessidade de retorno de benefícios à coletividade pesquisada, bem como a obrigatoriedade de acesso dos sujeitos às vantagens da pesquisa; a importância e a relevância do "consentimento livre e esclarecido", atestada pela presença de um capítulo (capítulo IV) no corpo da Resolução; enfatiza-se a obrigatoriedade de todos os esclarecimentos ao sujeito da pesquisa (em linguagem acessível), resguardando-se o direito à recusa e o direito de ter cópia do termo assinado; a inclusão de normas para a pesquisa em pessoas com diagnóstico de morte encefálica e em comunidades culturalmente diferenciadas; a obrigatoriedade de análise de riscos e benefícios, cuja relevância mereceu capítulo especial (capítulo V); a exigência de apresentação do projeto de pesquisa, por parte do pesquisador responsável, contendo, entre outros, os seguintes dados: definição de atribuições, antecedentes científicos, metodologia, análise crítica de riscos e benefícios, duração do projeto, critérios de inclusão e de exclusão dos sujeitos, o compromisso de tornar públicos os resultados, a previsão de riscos, a qualificação do pesquisador, o orçamento detalhado; a obrigatoriedade de apresentação do projeto ao Comitê de Ética em Pesquisa (CEP) da instituição para apreciação; a característica multidisciplinar da composição do CEP (não mais do que a metade dos membros pertencentes à mesma profissão), incluindo obrigatoriamente um representante do usuário; as atribuições do CEP, prevendo atividades de caráter educativo, consultivo e deliberativo; a possibilidade do CEP poder contar com assessoria especializada, "ad hoc"; a competência para solicitar, à administração, a instauração de sindicância; a competência para interromper o projeto de pesquisa, quando julgar indicado; a obrigatoriedade de acompanhamento da execução da pesquisa na instituição mediante relatórios; a corresponsabilidade do CEP ao aprovar os projetos a ele submetidos; a total independência em relação à direção da instituição; a criação da Comissão Nacional de Ética em Pesquisa (Conep), órgão máximo na área, ligado ao Conselho Nacional de Saúde – Ministério da Saúde; a responsabilidade da Comissão Nacional na criação (e acompanhamento) de um banco de dados referente às pesquisas em seres humanos aprovadas pelos CEPs; a elaboração, por parte da Conep, de normas complementares nas áreas temáticas: reprodução humana, genética humana, pesquisas em indígenas, pesquisas que envolvam questões de biossegurança, pesquisas conduzidas do exterior, pesquisa com novos equipamentos. As normas para pesquisas na área temática de novos fármacos, medicamentos e vacinas já foi aprovada (Resolução CNS 251/97); a responsabilidade da Conep em instaurar sindicâncias e de interromper pesquisas em andamento, se necessário; a composição da Conep, constituída de treze membros titulares e respectivos suplentes, escolhidos pelo Conselho Nacional de Saúde dentre nomes indicados pelos CEPS.

A análise da validade ética das pesquisas concretiza-se nos Comitês de Ética em Pesquisa – CEP das instituições. A clara caracterização de projetos e estudos como pesquisas e, consequentemente, a análise de sua validade e aceitabilidade, embasada em conhecimentos prévios que apontem para o benefício, e o acompanhamento controlado de seus resultados, de forma sistemática e universal (cobrindo todos os protocolos), podem trazer ganhos enormes tais como a diminuição do número de pessoas desnecessariamente expostas a procedimentos inúteis ou danosos e, acima de tudo, a clara compreensão da utilidade (relação risco/benefício) dos procedimentos.

Dessa forma, toda pesquisa envolvendo seres humanos deve ser submetida a uma reflexão ética no sentido de assegurar o respeito pela identidade, integridade e dignidade da pessoa humana e a prática da solidariedade e justiça social.

A partir de 1975, na revisão da Declaração de Helsinque, admitiu-se a necessidade de se analisar os problemas morais que surgem nas pesquisas, e se estabeleceu que o desenho e o desenvolvimento de cada procedimento experimental envolvendo o ser humano deve ser claramente formulado em um protocolo de pesquisa, o qual deverá ser submetido à consideração, discussão e orientação de um comitê especialmente designado, independente do investigador e do patrocinador. Esses comitês desempenham um papel central, não permitindo que nem pesquisadores nem patrocinadores sejam os únicos a julgar se seus projetos estão de acordo com as orientações aceitas. Dessa forma, seu objetivo é proteger as pessoas, sujeito das pesquisas, de possíveis danos, preservando seus direitos e assegurando à sociedade que a pesquisa vem sendo feita de forma eticamente correta.

Na segunda metade do século XX, o grande desenvolvimento das ciências biomédicas tem possibilitado enorme poder de intervenção sobre a vida humana. Além disso, tem-se tornado mais e mais difícil distinguir a pesquisa de suas aplicações, o que coloca a ciência estreitamente ligada à industria e à economia. Inseridas num mundo capitalista, onde os investimentos exigem retorno rápido, as pesquisas também sofrem as pressões de mercado. Tais fatos, associados à expansão do setor de comunicações e à busca de consolidação dos direitos sociais a partir do princípio da cidadania plena, trazem à tona dilemas éticos para os envolvidos com a ciência e, mais ainda, para a sociedade como um todo. Torna-se, portanto, cada vez mais relevante e imprescindível a avaliação do projeto de pesquisa por uma terceira parte, independente, considerando-se princípios éticos minimamente consensuais.

Noelle Lenoir, presidente da Comissão de Ética da Unesco, ressalta que o movimento de preocupação com a ética é, sem dúvida, um dos maiores fenômenos atuais e que, equivocadamente, muitas vezes se pede a cientistas (médicos, biólogos e outros) que ditem os parâmetros éticos para a sociedade. Enfatizando que não se pode ser juiz e parte do processo ao mesmo tempo, remete a responsabilidade para a sociedade. Assim, os Comitês de Ética em Pesquisa não devem restringir-se a uma instância burocrática, mas constituir-se em espaços de reflexão e de monitorização de condutas éticas, de explicitação de conflitos e desenvolvimento da competência ética da sociedade.

Nas últimas décadas, os Comitês de Ética Médica vinham desenvolvendo um papel importante nesse sentido, aportando uma experiência e tradição de reflexão ética desde Hipócrates. Porém, além da necessidade de afastamento de posições cooperativistas, a experimentação com seres humanos vai além dos limites de qualquer categoria profissional, envolvendo novas categorias como fisiólogos, biólogos, geneticistas, sociólogos, psicólogos, nutricionistas, farmacêuticos, odontólogos, enfermeiros, fisioterapeutas, além de pedagogos, professores, cientistas sociais, entre outros. A experimentação em seres humanos deve, portanto, ser discutida abertamente por esses profissionais e, mais ainda, com profissionais de outras áreas do conhecimento, como direito, filosofia, ciências políticas, teologia, comunicação etc. Indo mais além, a sociedade precisa assumir esse debate e participar com responsabilidade das decisões. O fato é que a técnica, hoje, pode fazer muitas coisas – resta saber o que a sociedade quer que seja feito.

Os CEPs, além de fórum específico para avaliação de cada pesquisa, estarão identificando e ampliando os debates e contribuindo para a melhoria da regulamentação sobre o tema. Daniel Winkler, ex-presidente da Associação Internacional de Bioética, colocou como indicador de funcionamento dos Comitês a chegada das discussões às mesas das famílias. Amy Gutmann, professora de Ciências Políticas da Universidade de Princeton, autora do livro *Democracy and Disagreement*, ressalta que os Comitês de Ética em Pesquisa, bem constituídos, transcendem o seu papel específico, pois contribuem para a efetivação da democracia deliberativa, concepção contemporânea mais promissora de evolução democrática.

A metodologia do trabalho dos CEPs deve procurar a representação de todos os interessados, também dos indivíduos considerados leigos na ciência médica ou biológica, isto é, dos pacientes, seus familiares, representantes da opinião pública. Se não for possível que todos os interessados estejam presentes, uma participação mínima deve ser assegurada para levar a uma adequada apresentação e consideração dos interesses de todos os envolvidos. Se os critérios para a tomada de decisões são realmente éticos, então os leigos não são menos capacitados que os cientistas. A presença de usuários nos CEPs constitui o elemento novo, trazendo a perspectiva da alteridade e propiciando o surgimento do diálogo.

Baseado nessas reflexões, à época da elaboração da resolução CNS nº 196/96 consolidou-se a ideia de que os CEPs deveriam ser constituídos de forma a favorecer o aporte dos pontos de vista de todos os envolvidos, bem como permitir a inclusão dos diversos interesses, seja de pesquisadores e patrocinadores, seja de sujeitos da pesquisa e da comunidade.

Por meio de uma composição multidisciplinar com contribuição de várias áreas de conhecimento, de participação de pesquisadores e de usuários, buscar-se-á levar em conta todos os interesses, inclusive dos envolvidos, mas não participantes, como, por exemplo, dos sujeitos da pesquisa em situação de vulnerabilidade, como crianças, incapacitados mentais ou fetos. Assim, a resolução cria os Comitês de Ética nas instituições e estabelece os critérios para a sua formação. A característica de independência deve ser construída por meio de uma composição adequada e da adoção de procedimentos transparentes. A disposição ao diálogo e à transparência é o que pode levar ao respeito à dignidade da pessoa, à prática consciente dos profissionais e à justiça social.

No Brasil, a receptividade da norma foi tal que, a despeito das dificuldades de implantação de procedimentos novos, foram criados cerca de 150 CEPs nas instituições de pesquisa no país. Em média, estão constituídos por onze membros, destacando-se a participação de profissionais de direito, filosofia e teologia. A participação de pelo menos um membro representante de usuários da instituição se concretizou em grande esforço de identificação e aproximação de representantes de pacientes e de militantes de grupos organizados da sociedade, desde associações de portadores de patologias a associações de voluntários, de representantes em conselhos municipais a vereadores. Evidenciou-se grande avanço em relação a 1995, quando se constatou a existência de tão somente um CEP constituído conforme a norma vigente à época (Resolução CNS nº 1/88) dentre instituições universitárias de pesquisa em saúde.

Cumprida a etapa de criação e constituição dos CEPs, emerge como desafio o seu funcionamento de forma responsável e eficaz, tanto no que diz respeito à análise dos projetos de pesquisa e acompanhamento de sua execução, quanto à proposição de alternativas viáveis para possíveis conflitos éticos. Além disso, espera-se adequado desenvolvimento no sentido de sua função educativa, resultando em maior sensibilidade dos pesquisadores e da comunidade aos problemas éticos.

O trabalho dos Comitês de Ética em Pesquisa depende de duas condições essenciais: legitimidade e infraestrutura adequada, esta última incluindo equipe preparada, facilidades operacionais, organizacionais (regimento interno, controle de prazos) e orçamento. Também devem ser previstos mecanismos de avaliação do impacto das suas ações, com medição da adesão às normas, da repercussão e sensibilização para o tema, publicação das recomendações, evolução do número de consultas ao Comitê, evolução da qualidade científica e ética dos protocolos etc.

A credibilidade do grupo vai se estabelecendo por meio de deliberações cuidadosas, pronto acesso a consultas e agilidade nas respostas. Não se espera que haja sempre consenso entre os membros, o que se procura são deliberações mais inclusivas no sentido de consideração dos vários interesses, com ampla compreensão das discordâncias e do dilema, com mútuo respeito. Dessa forma, certamente se estará contribuindo para a saúde de nossa sociedade.

Os membros dos Comitês estão geralmente conscientes do seu papel, mas sabem que andam sobre uma fina linha entre trabalhar no interesse dos sujeitos da pesquisa e trabalhar no interesse das instituições e patrocinadores. Não resta dúvida de que estão sob enorme pressão para não retardar ou interromper as pesquisas, numa época em que as instituições estão ansiosas pelos aportes financeiros.

A *Comissão Nacional de Ética em Pesquisa*

A Comissão Nacional de Ética em Pesquisa foi criada pela Resolução CNS 196/96, órgão de controle social, para desenvolver a regulamentação sobre proteção dos sujeitos da pesquisa e para constituir um nível de recursos disponíveis a qualquer dos envolvidos em pesquisas com seres humanos. Tem também um papel coordenador da rede de Comitês institucionais, além de se constituir em órgão consultor na área de ética em pesquisas. Num primeiro momento, tem ainda a atribuição de apreciar os projetos de pesquisa de áreas temáticas especiais, enviados pelos CEPs, ou seja, projetos que contemplam áreas com maiores dilemas éticos e grande repercussão social, até que se acumulem experiências para a elaboração de normas específicas, complementares às existentes.

Algumas Situações Concretas

Nos projetos apresentados para avaliação dos CEPs, os pontos que com maior frequência são considerados eticamente incorretos são os relativos ao consentimento livre e esclarecido, ao uso de placebo e à participação de pessoas em situação de vulnerabilidade.

CONSENTIMENTO LIVRE E ESCLARECIDO. Os modelos de termo de consentimento têm sido, frequentemente, motivo de não aprovação dos projetos por conterem informação insuficiente; outras vezes por serem indutores da participação ou por não estarem em linguagem acessível ao paciente. Por outro lado, termos de consentimento longos demais, traduzidos de outros países, mais confundem que esclarecem, estando também muitas vezes inadequados à nossa cultura, por serem frios e diretos. A preocupação acerca da incapacidade dos sujeitos da pesquisa de compreenderem o termo pode ser enfrentada com o interesse junto a capacitação dos pesquisadores para informarem adequadamente. João de Freitas chama a atenção para o uso do termo de consentimento como instrumento de proteção dos pesquisadores e estratégia de permissibilidade de procedimentos que ferem a dignidade do sujeito da pesquisa, o que não é o espírito da Resolução CNS nº 196/96. Vale, portanto, salientar: o objetivo fundamental do termo de consentimento é a proteção da liberdade e da dignidade dos sujeitos da pesquisa, e não dos pesquisadores ou patrocinadores.

USO DE PLACEBO. Principalmente em estudos de novos medicamentos e visando evitar interferência psicogênica, em alguns casos justifica-se a comparação entre o tratamento com a nova droga e o tratamento em que se usa um placebo (substância sem efeito farmacológico). No entanto, existindo tratamento minimamente eficaz para a doença, não é eticamente correto deixar um grupo de pacientes sem terapia, sendo que o experimento deveria comparar, então, o novo tratamento com o tratamento existente ou padrão. Têm sido identificados problemas nessa área, pois no interesse de comercialização de novos produtos, num mercado de grande concorrência, usa-se a demonstração da eficácia da droga (frente ao placebo) e não a sua superioridade sobre o medicamento já existente. Muitas vezes, esse subterfúgio não é percebido e colocam-se pessoas em situação de risco, sem nenhum possível benefício, a não ser para a contabilidade das indústrias.

VULNERABILIDADE. Situações em que não existem as condições para o consentimento livre, sem coações ou pressões, devem ser cuidadosamente analisadas como propostas de pesquisa em soldados, servidores, funcionários de laboratórios e alunos. Por outro lado, é preocupante a situação da maioria dos sujeitos de pesquisa neste país, que, sem acesso assegurado à assistência à saúde, muitas vezes buscam a participação na pesquisa como forma de obter acesso a algum tratamento ou a um melhor acompanhamento. Para crianças e pessoas em situação de discernimento prejudicado, como portadores de doença mental, deve ser requisitado o consentimento de seus responsáveis legais; além disso, devem ser informadas de acordo com a sua capacidade e consideradas suas decisões.

Exemplos de incorreções éticas mais graves, se bem que raros, podem ser enumerados como alertas para os participantes de Comitês. Uma pesquisa com proposta de indução de problema respiratório em crianças, seguida de tratamento para um grupo e de placebo para outro (controle), não pode ser aceita; assim como outro projeto em que se propunha o uso de um novo medicamento, controlado, com um grupo recebendo placebo, para pacientes com insuficiência cardíaca congestiva, uma doença grave e com tratamento disponível. Um outro estudo tinha como objetivo encontrar formas de "superar barreiras éticas e legais" para uso de determinado procedimento! Enfim, esses são casos que demonstram a relevância da proposta de avaliação ética dos projetos de pesquisa e a responsabilidade dos comitês na apreciação dos projetos e no desempenho de seu papel educativo com relação aos sujeitos da pesquisa, à comunidade científica e à sociedade.

ÉTICA, PRODUÇÃO AGROINDUSTRIAL E
BIOTECNOLOGIA
Hugh Lacey

Na consciência moderna avultam as conquistas e promessas da ciência, assim como os ampliados poderes humanos de exercer controle resultantes dos desenvolvimentos científicos. Embora a ciência e as novas tecnologias provoquem medo e apreensão em algumas pessoas, para a maioria no mundo contemporâneo seu valor foi profundamente internalizado. Assim, uma ampla legitimidade foi atribuída à pesquisa e aos desenvolvimentos de novas possibilidades tecnológicas, e há uma tendência a aceitar como pressuposto – não sem oposição – que o futuro será, e mesmo deverá ser, em grande parte, moldado em resposta a eles. As sementes transgênicas e outros "avanços" biotecnológicos estão entre os mais recentes e mais visíveis de tais desenvolvimentos.

Para seus defensores, a sementes transgênicas representam o futuro da agricultura; elas são também testemunho do engenho e providência do empreendimento científico. Busca-se com frequência a legitimação do desenvolvimento e emprego de sementes transgênicas na autoridade e prestígio da ciência; e com isso espera-se silenciar todos os críticos. Contrariando essa postura, vou argumentar que a ciência não autoriza tal legitimação, e não coloca barreiras à exploração de formas alternativas de agricultura que estejam mais de acordo com a luta por justiça social.

A sementes transgênicas contêm genes tirados de organismos de diferentes espécies e inseridos diretamente em seus próprios materiais genéticos com a finalidade de gerar plantas com as específicas qualidades "desejadas", tais como capacidades de resistir a inseticidas. Para seus criadores, as sementes transgênicas incorporam conhecimento científico; trazem a marca da ciência. Elas também trazem a marca da economia política da "globalização", uma vez que seu desenvolvimento tem sido visto tanto como um objetivo da economia neoliberal global, quanto como um meio de fortalecer suas estruturas. Tais marcas gêmeas emprestam uma aura de inevitabilidade à "revolução" agrícola prometida com o advento das sementes transgênicas: a ciência definiu a rota, a economia global fornece as estruturas para sua efetiva implementação. Assim, não é surpresa que as plantações com sementes transgênicas tenham tido um crescimento explosivo nos últimos anos. Não há outro caminho, os defensores insistem, nenhuma outra maneira de fornecer o necessário para alimentar a crescente população mundial nas próximas décadas. Devem os críticos silenciar?

Os críticos são de vários tipos. Alguns mostram-se apreensivos diante da "intrusão na natureza" exemplificada pelas sementes transgênicas. Outros exigem medidas preventivas à luz dos riscos ambientais e para a saúde, como: inadequação de procedimentos que avaliem riscos; questões de escolha dos consumidores e rotulagem de produtos transgênicos; ameaças à biodiversidade; perigos de controle do suprimento de alimentos pelas grandes empresas; e o solapamento potencial das condições necessárias para a agricultura orgânica. Alguns criticam o uso corrente de sementes transgênicas por visar principalmente ao lucro empresarial, embora apoiem a pesquisa e o desenvolvimento que têm por objetivo ajudar os povos dos países empobrecidos, por exemplo, produzindo arroz mais rico em vitamina. Alguns pensam que os riscos envolvidos constituem razão para que se abandone todo o empreendimento. Ainda outros questionam o projeto de globalização, e estão envolvidos tanto na pesquisa quanto na luta política para tornar viáveis métodos alternativos de agricultura.

São poucas as concessões dos defensores. Eles reconhecem riscos, naturalmente, mas sustentam que os riscos reais podem ser administrados e regulamentados; também alegam não haver evidência científica concreta de que produtos transgênicos atualmente no mercado constituam riscos maiores que os produtos da agricultura convencional. Confiantes nos resultados e promessas da ciência, e encorajados por seus sucessos anteriores, eles não se deixam abalar por apelos para que se proceda com especial cautela. Além disso, não concedem aos críticos a posição de superioridade moral. Bem ao contrário, replicam que o uso de sementes transgênicas permite alta produtividade combinada com uma atitude amigável em relação ao meio ambiente, e, como já mencionado, insistem que é necessário alimentar a humanidade. Desta perspectiva, quaisquer riscos ocasionados pelo uso de sementes transgênicas desaparece na insignificância em comparação com as consequências de sua não utilização; é aos críticos que falta a devida preocupação moral.

Muita coisa depende da alegação de que "não há outra maneira" de alimentar a humanidade. A legitimidade de ir adiante rapidamente com o emprego de sementes transgênicas, sem tomar medidas previdentes especiais, pressupõe sua veracidade. Será que ela é verdadeira? Se não, quais são as alternativas? É apoiada por evidências científicas? Ou é apenas um reflexo de quem está seguramente dominado pela consciência moderna frente à ciência, com sua fé nela e na tecnologia avançada para resolver todos os problemas? Ou, talvez, seja o código para "esta é a maneira de proceder dentro das estruturas da globalização", cuja progressiva consolidação é considerada inevitável, nada deixando de fora.

As sementes transgênicas não podem ser produzidas sem a modificação de sementes selecionadas pelos agricultores (que vou abreviar "sementes de agricultores"), ou sementes derivadas originalmente de sementes de agricultores, selecionadas para uso na agricultura convencional. Contudo, as proteções aos direitos de propriedade intelectual podem ser concedidas a sementes transgênicas, mas não às de agricultores. Na falta de tais proteções, as sementes de agricultores são consideradas parte do patrimônio comum da humanidade, e podem ser legalmente apropriadas à vontade sem consulta ou compensação aos agricultores que as selecionaram. Quando as sementes de agricultores são apropriadas, os críticos falam de "biopirataria" e detectam a seguinte injustiça: os que desenvolvem as sementes transgênicas apropriam-se livremente das sementes de agricultores, no entanto o agricultor não tem livre acesso a sementes transgênicas. Não apenas o agrobusiness (através de seus pesquisadores), mas também gerações de agricultores contribuem para a produção de sementes transgênicas, porém, graças aos direitos de propriedade intelectual, quem lucra são principalmente o agrobusiness e seus clientes. Quaisquer lucros desse tipo pressupõem a livre apropriação das sementes de agricultores. Mais ainda, as condições em que são realizados tendem a facilitar a sua substituição pelos transgênicos. A biopirataria envolve não apenas a exploração dos agricultores que produzem as sementes, sem as quais as sementes transgênicas não poderiam existir, mas também, no fim, sua exclusão do próprio uso dessas sementes. A biopirataria e o regime dos direitos de propriedade intelectual são profundamente interligados. O desenvolvimento e a utilização das sementes transgênicas depende de ambos.

Que diferenças entre os dois tipos de sementes podem justificar a norma de que às sementes transgênicas, mas não às de agricultores, sejam concedidas as proteções dos direitos de propriedade intelectual? Uma das diferenças apontadas consiste em que as sementes transgênicas, mas não as de agricultores, incorporam conhecimento científico. Em virtude disso, elas podem satisfazer os critérios padrões para conseguir uma patente – novidade, inventividade, utilidade, aplicação industrial e fornecimento de instruções suficientes para estar de acordo com a condição de "suficiência de revelação" – e assim tornar-se propriedade intelectual. Dessa perspectiva, é pura demagogia e sentimentalismo chamar de "biopirataria" a livre apropriação e final substituição de sementes de agricultores. O prestígio da ciência é dessa forma mobilizado contra o uso de um termo moralmente tão carregado. Apenas a propriedade pode ser pirateada, e as sementes de agricultores não são propriedade intelectual. Além disso, de acordo com seus defensores, o desenvolvimento de sementes transgênicas beneficia a todos – pois "não há outro meio de alimentar a humanidade".

Será verdade que, primeiro, as sementes transgênicas, mas não as de agricultores, incorporam conhecimento científico?; e, segundo, que as sementes de agricultores não podem formar a base (ou uma parte importante) da produção necessária para alimentar o mundo?

Ao tratar dessas questões, estará em jogo a pergunta "em que consiste a ciência?" Considero que a ciência inclui qualquer forma sistemática e empírica de investigação que procure entender os fenômenos do mundo, ou seja, que almeje captar as causas e as possibilidades de manifestação das coisas e fenômenos. Que formas de investigação científica devem ser empreendidas se desejamos estudar sistemática e empiricamente as possibilidades de alimentar a humanidade no futuro? Como testar a alegação de que culturas transgênicas são necessárias e amplamente suficientes, e culturas crescidas de sementes de agricultores insuficientes (e nem mesmo necessárias em locais selecionados), para esse fim? Tenha-se em mente a persistência da fome hoje; e que produzir alimento suficiente para alimentar a todos não significa que todos serão alimentados. Sermos todos alimentados depende não apenas da produção de alimento suficiente, mas também de que as pessoas tenham acesso a ele; e, para pessoas não participantes de comunidades agrícolas produtivas, isso significa ter de comprá-lo. Observe-se também que a manutenção de alta produtividade a longo prazo depende da preservação da biodiversidade, da saúde humana e ambiental, e da ausência de conflitos sociais violentos. Lembrando tudo isso, pode-se ficar cético quanto à ideia de que as culturas transgênicas vão permitir que a humanidade seja alimentada. Afinal, *elas estão inseridas nas mesmas estruturas e representam os mesmos interesses que aceitaram atualmente a persistência da fome e da desnutrição, apesar de haver produção suficiente para alimentar a todos.*

Com certeza, não há nada na maneira como a ciência biotecnológica é conduzida hoje em dia que possa refrear o ceticismo, pois ela se ocupa primordialmente da estrutura molecular dos genes, da química de suas expressões, e como estas podem ser modificadas de modo a produzir traços "desejados" nas plantas. Sua atenção ao impacto ecológico a longo prazo nas culturas, na medida em que é custeada pelo *agrobusiness*, é praticamente nenhuma. Porém, sem uma investigação sistemática e empírica sobre os impactos ecológico e social a longo prazo, e sobre a possibilidade de alternativas, como poderia a pesquisa científica apoiar a tese de que o desenvolvimento de sementes transgênicas é o único modo de proceder, ou mesmo que é um modo viável de proceder? Naturalmente, essa questão teria pouca relevância se de fato não houvesse alternativas.

A fim de ter claro o que está envolvido, considerem-se mais duas questões:

MAXIMIZAÇÃO. Como podemos maximizar a produção de uma cultura em condições – uso de fertilizantes, controle de pragas, emprego de água, maquinário, linhagens de sementes etc. – que podem ser amplamente replicadas?

FORTALECIMENTO LOCAL. Como podemos produzir culturas de tal modo que todas as pessoas na região de produção tenham acesso a uma dieta bem equilibrada, num contexto que fortalece a ação e o bem-estar locais, sustém a biodiversidade, preserva o ambiente e favorece a justiça social?

Ambas são questões científicas; ambas estão abertas às investigações empíricas e sistemáticas. São questões diferentes, relacionadas a preocupações morais e sociais diferentes. A primeira enfatiza as quantidades de alimento produzidas; a segunda, quem de fato é alimentado e em que condições. Responder a uma delas, e adotar os métodos necessários para respondê-la, não é suficiente para responder à outra.

Os métodos biológicos utilizados para investigar o que pode ser produzido com sementes transgênicas são apropriados para a *maximização*. Tais métodos tentam identificar possibilidades do ponto de vista de sua capacidade de serem geradas a partir de estruturas moleculares subjacentes e processos bioquímicos regidos por leis. Eles abstraem em grande parte a realização de tais possibilidades de sua relações com arranjos sociais, vidas e experiências humanas, as condições sociais e materiais da pesquisa, e o impacto ecológico amplo e de longo prazo – e, dessa forma, de qualquer ligação com valores. Denominei tais métodos "galileanos". Métodos galileanos separam a biologia da sociologia e da economia (e da ecologia), de tal forma que o *fortalecimento local* não é considerado como pertencendo propriamente ao mesmo domínio de pesquisa que a *maximização*.

Existem, entretanto, outras abordagens para a investigação científica, cujos resultados podem informar práticas agrícolas alternativas, especificamente aquelas da agroecologia. A pesquisa em agroecologia – embora recorrendo de inúmeras maneiras ao conhecimento das estruturas subjacentes e da química das plantas, solos e insumos da produção agrícola – situa a agricultura integralmente dentro de sua situação ecológica e social, e sugere questões que não envolvem abstrações. De acordo com Miguel Altieri, um de seus mais notáveis proponentes, ela trata as coisas em relação ao agroecossistema inteiro de que são partes constituintes, e preocupa-se simultaneamente com:

[A] manutenção da capacidade produtiva do [agro]sistema, com a preservação da base de recursos naturais e da biodiversidade funcional, com a organização social e redução da pobreza, [e] com o fortalecimento das comunidades locais, com a manutenção da tradição, e participação popular no processo de desenvolvimento.

Ela não separa a biologia da sociologia por qualquer razão de princípio. Seu foco primordial são as questões do tipo do fortalecimento local; e assim seus resultados variam com a localidade, recorre e desenvolve (em muitos casos) o conhecimento tradicional que informa as práticas de uma cultura, e não restringe a especialistas os papéis na geração do conhecimento, preservando papéis para os próprios agricultores. As sementes de agricultores incorporam variedades de conhecimento agroecológico.

Uma vez que o *fortalecimento local* situa-se fora da perspectiva daqueles que restringem a investigação ao uso de métodos galileanos, sua pesquisa não pode nos dizer que as alternativas agrícolas informadas por pesquisa agroecológica são incapazes de fornecer uma parte importante da base necessária para alimentar a humanidade. Dessa forma, quando eles alegam que "não há outra maneira", não estão relatando um resultado de sua pesquisa científica, ou mesmo uma hipótese que eles tenham os meios para investigar de maneira séria. Aparentemente, a alegação decorre ou da aceitação acrítica das promessas da ciência praticada com métodos galileanos, ou do interesse dos agentes e projetos da economia global.

Os defensores das sementes transgênicas não se deixarão abalar por esse argumento. Como muitos outros que compartilharam a consciência moderna frente à ciência, eles tendem a identificá-la com o emprego praticamente exclusivo dos métodos galileanos. Nesse nível, trata-se apenas de uma questão terminológica. A palavra "ciência" é, na verdade, amplamente utilizada para designar "pesquisa empírica sistemática praticada com métodos galileanos" – o tipo de investigação que leva à expansão de nossa capacidade de exercer controle sobre os objetos naturais. Não tenho objeção alguma nesse nível. Tudo o que foi dito pode ser reformulado, sem perdas, usando-se "pesquisa empírica sistemática" em vez de "ciência".

Num outro nível, entretanto, sustenta-se que a terminologia usual reflete o fato de que o conhecimento adquirido com métodos galileanos é, em princípio, mais solidamente assentado em evidências empíricas e experimentais, ou seja, que ele tem credenciais epistêmicas superiores. Isto eu questiono. A pesquisa agroecológica parte de conhecimento adequadamente testado na prática em culturas tradicionais; por exemplo, o conhecimento incorporado em sementes de agricultores, que forneceu a "matéria prima" para o desenvolvimento de sementes transgênicas. O fato de ele carecer da "universalidade" do conhecimento galileano não significa que ele seja empiricamente menos bem assentado, mas que é um tipo de conhecimento bastante específico quanto ao local, e capaz de fornecer respostas à questões como a do *fortalecimento local*. Restringir o uso de "ciência" à pesquisa praticada com métodos galileanos representa assim a concessão de um *privilégio* à pesquisa galileana – porém um privilégio não conquistado em bases epistêmicas.

Conceder privilégio ao conhecimento científico adquirido com métodos galileanos desvia a atenção para longe de formas alternativas de agricultura, informadas por conhecimento científico (sistemático e empírico), que em princípio pode levar a respostas positivas e eficazes para a questão do *fortalecimento local* em muitas regiões, e que pode até gerar produtividade localmente aumentada, consistente com a sustentabilidade ecológica e social, a partir de melhoramentos nos métodos com os quais as sementes de agricultores são coletadas. Também insinua que temos apenas opinião, e não conhecimento sólido, quando lidamos com a completa e temporalmente extensa série de variáveis ecológicas, humanas e sociais e os efeitos das práticas agrícolas. Assim, ele solapa ilegitimamente a força da crítica baseada na investigação agroecológica. Por outro lado, os métodos galileanos são de maneira geral adequados para tratar da *maximização*, e realmente levam à identificação de possibilidades genuínas das culturas transgênicas. Porém, não podem identificar as possibilidades necessárias para tratar do *fortalecimento local*, e é impossível responder à grande questão da necessidade de desenvolvimento de sementes transgênicas se nos abstivermos de utilizar métodos que levem em conta o *fortalecimento local*. A grande questão pode ser tratada cientificamente, por meio de investigação empírica sistemática, mas apenas se permitirmos que a ciência inclua uma variedade de métodos, dos quais o galileano é apenas um (embora muito importante). Métodos de investigação galilenos e agroecológicos estão, em princípio, no mesmo patamar.

Tanto as sementes de agricultores quanto as transgênicas podem ser informadas pelo conhecimento científico: umas pelo conhecimento agroecológico, outras pelo conhecimento galileano. Assim, a concessão de proteções dos direitos de propriedade intelectual às sementes transgênicas, mas não às de agricultores, não pode se basear na alegação de que aquelas incorporam conhecimento com credenciais epistêmicas superiores. Mais plausível, em minha opinião, é o inverso: o conhecimento galileano é privilegiado (tido como detentor de maior valor social e talvez, erroneamente, maior valor epistêmico), pois na aplicação ele pode ser facilmente incorporado em produtos com valor de mercado, inclusive alguns para os quais podem-se obter as proteções dos direitos de propriedade intelectual. O prestígio dos métodos materialistas e o usual estreitamento do significado de "ciência" refletem não credenciais epistêmicas superiores, mas o maior valor social de suas aplicações entre aqueles que dão prioridade a relações de controle sobre os objetos naturais e o valor econômico das coisas.

A concessão das proteções dos direitos de propriedade intelectual às sementes transgênicas e a "pirataria" são momentos diferentes do mesmo processo. Se a ciência não fornece uma justificativa para legitimar a atribuição de diferentes estatutos legais para os dois tipos de sementes, é possível que se recorra a outra razão. Sem as proteções dos direitos de propriedade intelectual, o desenvolvimento e a utilização de sementes transgênicas provavelmente encontrariam obstáculos intransponíveis. *Dentro da lógica da economia neoliberal global*, tal alegação pode ser muito convincente, especialmente na medida em que a pesquisa associada à *maximização* bem pode dar apoio à tese de que apenas com os novos métodos biotecnológicos é possível produzir alimentos adequadamente. Mas para conseguir legitimação além dos limites dessa lógica, é necessário apelar também para a pressuposição de que "as sementes transgênicas são necessárias para alimentar a humanidade", para a qual, de novo, não há base científica até agora.

O tribunal da ciência permanece aberto às possibilidades de produzir alimento de modo que todos possam ser alimentados nas próximas décadas. A questão pode ser submetida à exploração científica, mas apenas, como vimos, se reconhecermos que a ciência contém uma multiplicidade de abordagens, incluindo os agroecológicos tanto quanto os galileanos. Tal exploração ainda não foi tentada e, se for, pode validar a pressuposição dos defensores das sementes transgênicas. Mas também pode ser que isso não aconteça. Pode-se chegar à conclusão de que há papéis importantes tanto para as sementes de agricultores quanto para as transgênicas nas práticas agrícolas – que elas não apenas produzem em quantidade suficiente para alimentar a todos, mas o fazem de maneira a assegurar que todos sejam adequadamente alimentados e que respondem à questão do *fortalecimento local* de forma bem geral. Antes dessa exploração, os críticos não fazem jus a maiores certezas que os defensores.

Mencionei que existem proponentes do desenvolvimento das sementes transgênicas que também são críticos dos desenvolvimentos atuais das experiências realizadas pelo agrobusiness. Estou pensando particularmente nos investigadores filiados ao CGIAR (Consultive Group on International Agricultural Research), que tendem a considerar o agrobusiness como um setor impulsionado pelo motivo do lucro, em vez de pelas necessidades de comunidades agrícolas pobres – tendo por objetivo o aumento nas vendas de pesticidas específicos ou a conquista de maior controle do mercado, em vez de aumento na produtividade de culturas especialmente em solos inferiores e de alimentos saudáveis. Pode existir bastante espaço para um diálogo construtivo entre a agroecologia e a pesquisa sobre sementes transgênicas associada ao CGIAR. Ambas as abordagens se propõem a ser sensíveis às necessidades e problemas dos agricultores pobres. Em vez de *fortalecimento local*, entretanto, a pesquisa ligada ao CGIAR tende a se preocupar com uma questão diferente: como pode a abordagem da agrobiotecnologia ser desenvolvida de tal modo que possa contribuir para satisfazer (por exemplo) as necessidades de produção de alimentos e lidar com desnutrição crônica em comunidades de agricultores pobres? – Ela *pressupõe* que abordagens galileanas na ciência constituem a maior parte da solução dos problemas com os quais se defrontam as comunidades pobres mas, embora reconhecendo a "realidade" do regime dos direitos de propriedade intelectual, rejeita tanto a dominância da pesquisa em biotecnologia pelo agrobusiness quanto o mercado como o único acesso a sementes. Assim, o CGIAR conduz pesquisas visando a desenvolver sementes transgênicas que, por exemplo, podem produzir arroz com maior teor de vitamina, ou que pode ser cultivado em solos salinos ou secos, dessa forma fornecendo soluções técnicas para importantes problemas de agricultores pobres ou marginalizados. A agroecologia, em contraste, insiste em que as soluções técnicas propostas não sejam abstraídas dos contextos ecológicos e sociais em suas implementações.

Deixaremos para discussão o assunto das possibilidades de cooperação entre agroecologia e CGIAR. Ao mesmo tempo, os dados empíricos atuais apoiam a afirmação de que responder à *maximização* não é suficiente para responder ao *fortalecimento local*; e de que em numerosas localidades, em todo o terceiro mundo, tentativas de tratar do *fortalecimento local* sistemática e resolutamente têm sido promissoras, recorrendo a métodos agroecológicos com pequena contribuição de tentativas de responder à *maximização*. Uma investigação benfeita da pressuposição de que "não há outra maneira de alimentar a humanidade" deve levar isso em conta. Ela vai requerer, portanto, que investigações com métodos agroecológicos sejam desenvolvidas muito mais completamente, e com provisão dos recursos necessários; e elas podem ser desenvolvidas apenas se práticas agroecológicas forem intensificadas e ampliadas. O fornecimento de tais recursos, entretanto, entra em conflito com as tendências da própria economia global, cuja lógica favorece a transformação rápida dos métodos agrícolas na direção do uso de sementes transgênicas em larga escala. Tal tendência serve para solapar as condições (a disponibilidade de agroecossistemas produtivos e sustentáveis) necessários para a investigação científica de uma pressuposição daquilo que a legitima.

Qualquer autoridade que a ciência legitimamente exerça deriva dos resultados de investigação empírica sistemática. Tal autoridade não apoia nem as distinções legais entre as sementes transgênicas e sementes de agricultores, nem os métodos agrícolas que usam as sementes de agricultores não devem ter um papel integral na produção de alimento nas próximas décadas. Talvez o apelo à ciência feito pelos defensores das sementes transgênicas mascare a falta de um fundamento moralmente convincente para a globalização, ou um esforço para enervar seus críticos, ou uma fé ilimitada nos poderes das abordagens galileanas. Em qualquer caso, os críticos que recorrem à agroecologia não se opõem à ciência estabelecida. Ao contrário, o fortalecimento da agroecologia é necessário para que haja uma investigação científica das possibilidades de alimentar a todos no futuro imediato e no futuro previsível.

No conflito sobre as sementes, dois modos de vida fundamentalmente incompatíveis se contrapõem: um enfatizando os agroecossistemas sustentáveis; o outro, a primazia do mercado. A ciência (pesquisa empírica sistemática), dada sua multiplicidade de abordagens, pode informar a ambas, porém não legitima nenhuma. A oposição ao desenvolvimento e a utilização de sementes transgênicas podem se enraizar mais solidamente nas práticas da agroecologia. É aí que as energias dos críticos devem ser postas – esta é uma questão de solidariedade, prática agrícola, economia política, estilo de vida e aquisição de conhecimento*.

---

* Para desenvolvimento das ideias apresentadas neste artigo, e referências relevantes, ver as minhas publicações mais recentes:

A Controvérsia sobre os Transgênicos: Questões Científicas e Éticas, Sãao Paulo: Ideias e Letras, 2006.

Há Alternativas ao Uso dos Transgênicos?, *Novos Estudos Cebrap* 78, jul. 2007.

Ciência, Respeito à Natureza e Bem-estar Humano, *Scientiae Studia* 6, 2008.

Valores e Atividade Científica 2, São Paulo: Associação Filosófica "Scientiae Studia"/Editora 34, 2010.

Tradução: Marcos Barbosa de Oliveira

AUTORES

MATTHIAS LUTZ-BACHMANN é pós-doutor em filosofia, professor titular na Universidade Johann Wolfgang Goethe de Frankfurt, Alemanha, e diretor do Programa de Pesquisa sobre Cultura e Transformação Social da Associação Alemã de Pesquisa (DGF). Autor, entre outros, de *Recht auf Menschenrecht*.

EUGÊNIO BUCCI é jornalista, crítico de televisão e professor de Ética Jornalística na Fundação Casper Líbero de São Paulo. Autor, entre outros, de *Brasil em Tempo de TV* (São Paulo, Boitempo, 1996).

JEAN-JACQUES COURTINE é linguista, doutor pela Universidade de Paris X e professor de Cultura e História das Mentalidades na Universidade da Califórnia, EUA. Autor de, entre outros, *Histoire du Corps, du XVIème au XXème siècles* (Seuil).

NEWTON CUNHA é assessor do SESC de São Paulo, autor de *A Felicidade Imaginada* (relações entre os conceitos de lazer, tempo livre e trabalho, Brasiliense, 1987) e do *Dicionário Sesc – A Linguagem da Cultura* (dicionário de conceitos artísticos e termos correlatos de cultura, Perspectiva/Sesc, 2003).

WILLIAM SAAD HOSSNE é médico e professor de medicina da Universidade Estadual Paulista, coordenador da Comissão Nacional de Ética na Pesquisa e presidente da Sociedade Brasileira de Bioética. Autor de *Pesquisa Médica: a Ética e a Metodologia* (São Paulo, Pioneira, 2001).

HUGH LACEY é filósofo e epistemólogo australiano, ex-professor da Universidade de São Paulo, residente e professor de Filosofia e Ciências Humanas na Universidade de Swarthmore, Pensilvânia, EUA. Autor, entre outros, de *Valores e Atividade Científica* (São Paulo, Discurso Editorial, 1998).

OLGÁRIA MATOS é filósofa, professora titular do Departamento de Filosofia, Letras e Ciências Humanas da Universidade de São Paulo (USP). Doutora pela USP e pela École Pratique des Hauts Études en Scences Sociales de Paris. Autora, entre outros, de *O Iluminismo Visionário: Benjamin Leitor de Descartes e Kant* (São Paulo, Brasiliense, 1999).

DANILO SANTOS DE MIRANDA é sociólogo e diretor regional do SESC de São Paulo. Por sua sugestão e empenho realizou-se o Seminário Internacional de Ética e Cultura, em outubro de 2001, do qual resultaram as conferências e ensaios aqui publicados.

FRANCISCO ORTEGA é filósofo hispano-brasileiro, doutor pela Universidade de Bielefeld, Alemanha, e professor no Instituto de Medicina Social da Universidade Estadual do Rio de Janeiro (UERJ). Autor de *Genealogias da Amizade* (São Paulo, Iluminuras, 2002).

BENTO PRADO JR. é filósofo, professor titular da Universidade Federal de São Carlos, livre docente pela Universidade de São Paulo (USP) e pesquisador do Centre Nactional de la Recherche Scientifique da França. Autor, entre outros, de *Alguns Ensaios: Filosofia, Literatura e Psicanálise* (São Paulo, Paz e Terra, 2001).

RENATO JANINE RIBEIRO é filósofo e professor livre docente de filosofia pela Universidade de São Paulo (USP). Autor, entre outros, de *A Sociedade contra o Social* (São Paulo, Companhia das Letras, 2000).

ROBERTO ROMANO é filósofo, professor livre docente da Universidade Estadual de Campinas (Unicamp) e doutor pela École des Hauts Études en Sciences Sociales de Paris. Autor, entre outros, de *O Caldeirão de Medeia* (São Paulo, Perspectiva, 2001) e *O Desafio do Islã e outros Desafios* (São Paulo, Perspectiva, 2004).

DENISE BERNUZZI DE SANT'ANNA é historiadora, professora de pós-graduação da Pontifícia Universidade Católica de São Paulo e doutora pela Universidade de Paris VII. Autora de *Corpos de Passagem, Ensaios sobre a Subjetividade Contemporânea* (São Paulo, Estação Liberdade, 2001).

AMELIA VALCÁRCEL é filósofa, doutora e professora na Universidade de Oviedo, Espanha, presidente da Associação Espanhola de Filosofia Maria Zambrano e membro da Comissão de Curadores do Museu do Prado. Autora, entre outros de *Ética contra Estética*. (Barcelona, Grijalbo Mondadori, 1998).